Gustav Mahler · Richard Strauss
Briefwechsel 1888–1911

Gustav Mahler
Richard Strauss

Briefwechsel 1888–1911

Herausgegeben und mit einem
musikhistorischen Essay versehen von
Herta Blaukopf

R. Piper & Co. Verlag
München Zürich

ISBN 3-492-02559-5
© R. Piper & Co. Verlag, München 1980
Gesetzt aus der Bembo-Antiqua
Gesamtherstellung Clausen & Bosse, Leck
Printed in Germany

Inhalt

Vorwort

Nahezu ein Vierteljahrhundert waren Gustav Mahler und
Richard Strauss einander freundschaftlich verbunden.
Was sie einte – und auch was sie schied –, hatte für das
Musikleben der Jahre 1887–1911 Bedeutung, da sie von
ihren Kommandopositionen aus dieses Musikleben mit-
gestalteten: nicht nur als Komponisten, sondern auch als
Dirigenten und Organisatoren.

Im bisherigen Schrifttum ist die enge Beziehung der beiden Künstler nur unzureichend oder gar einseitig be-
leuchtet worden. Zum Verständnis dieser Freundschaft
fehlte es vor allem an der Kenntnis des Briefwechsels.
Lange Zeit stand der Forschung nur das Wissen zur Verfügung, daß im Strauss-Archiv in Garmisch-Partenkirchen rund 60 Briefe aufbewahrt werden, die Mahler an
Strauss gerichtet hat. Die Schreiben von Strauss an Mahler sind in der Welt verstreut. In langer Suche gelang es,
28 Mitteilungen von Strauss – in Original oder in Abschrift – an den verschiedensten Stellen aufzuspüren. Erst
damit erschien es sinnvoll, den zur Verfügung stehenden
Teil der Korrespondenz zu veröffentlichen.

Dieser Briefwechsel zwischen Strauss und Mahler liefert
einen Beitrag zum Verständnis der Musik und des Musik-
lebens ihrer Zeit und vermittelt darüber hinaus das Bild
einer bisher kaum gewürdigten »Rivalität und Freundschaft«, das im Anschluß an die Briefdokumente in einem

Essay skizziert wird. Dieser Versuch, die persönlichen Beziehungen von Strauss und Mahler darzustellen, basiert nicht nur auf den Briefen selbst und auf den bisher bekannt gewordenen Zeugnissen, sondern auch auf zahlreichen Quellen, die der Forschung erst durch die Bemühungen der Internationalen Gustav Mahler Gesellschaft erschlossen worden sind.

Bemerkungen zur Edition

Die Briefe von Mahler, die in diesem Band veröffentlicht werden, sind fortlaufend numeriert (M 1 – M 63), ebenso die Briefe von Strauss (St 1 – St 28). Sofern bei Briefen von Mahler keine andere Quelle angegeben ist, beruht ihr Text auf den Autographen im Richard-Strauss-Archiv, Garmisch-Partenkirchen. Bei den wenigen Briefen, die aus anderen Sammlungen stammen, ist ebenso wie bei den Briefen von Richard Strauss jeweils die Quelle angegeben. Sofern Briefautographe respektive deren Photokopien vorlagen, folgt der hier veröffentlichte Text der originalen Schreibweise – mit einer Ausnahme: m̄ bzw. n̄ wurden aufgelöst zu mm bzw. nn. Ergänzungen der Herausgeberin sind durch eckige Klammern kenntlich gemacht. Eine Ausnahme bilden die 12 Briefe und Karten, die bloß in einer Maschinenabschrift von Alma Mahler vorlagen, von der im Nachlaß Alma Mahler-Werfel (The Charles Patterson Van Pelt Library, University of Pennsylvania, Philadelphia, USA) eine Kopie aufbewahrt wird. In diesem Fall folgt der wiedergegebene Brieftext der Abschrift, als Quelle wird abgekürzt »Abschrift Alma Mahler« genannt.
Im Gegensatz zu Strauss, dessen Mitteilungen fast ausnahmslos datiert sind, hatte Mahler die Gewohnheit, sei-

ne Briefe meist ohne Datum abzusenden. Die Herausgeberin stand also wie alle Herausgeber von Mahler-Briefen vor einigen schwierigen Datierungsproblemen. Manchmal gelang es, den genauen Tag zu ermitteln, an dem ein Brief geschrieben wurde, mitunter war nur eine näherungsweise Angabe möglich. Die Datierungen der Herausgeberin sind an der Spitze der Erläuterungen zu finden, die jedem Brief zur Erleichterung des Verständnisses beigegeben sind. In manchen Fällen wird durch Hinweis auf datierbare Ereignisse erklärt, auf welche Weise das Datum des Briefes ermittelt worden ist.

Danksagung

Für das Zustandekommen dieser Ausgabe ist die Internationale Gustav Mahler Gesellschaft vor allen Herrn Dr. Franz und Frau Alice Strauss, Garmisch-Partenkirchen, zu Dank verpflichtet, die Mahlers Briefe verwahren und außerdem viele unentbehrliche Informationen und Ratschläge beisteuerten. Ohne das fördernde Einverständnis von Dr. Franz Strauss, der das Erscheinen dieses Buches leider nicht mehr erlebt hat, wäre die Publikation dieser Dokumente nicht möglich gewesen. Ebenso ist Frau Anna Mahler, Spoleto, für ihre wertvollen Hinweise zu danken. Auch zahlreiche andere Persönlichkeiten haben zu dieser Ausgabe beigetragen, indem sie Kopien von Autographen zur Verfügung stellten, wichtige Daten ermittelten und Aufschlüsse lieferten. Diese Personen und Institutionen sind im folgenden in alphabetischer Reihung genannt:

Bayerische Staatsbibliothek, München
Gottfried von Einem, Wien
Professor Marius Flothuis, Utrecht

Gemeentemuseum Den Haag
Frau Maria Feuer, Budapest
Haus-, Hof- und Staatsarchiv, Wien
Professor Franz Grasberger, Wien
Internat. Opernarchiv, Clemens M. Gruber, Wien
Frau Alena Kersovan, Hamburg
Henry-Louis de La Grange, Paris
The Gustav Mahler/Alfred Rosé Room, The Music Library, University of Western Ontario, London, Ontario
Professor Eduard Reeser, Bilthoven
Mr. Lyman W. Riley, Assistant Director of Libraries for Special Collections, The Charles Patterson Van Pelt Library CH, University of Pennsylvania, Philadelphia
Mr. Ernest Rosé, Washington D. C.
Frau Maria Rosé, London, Ontario
Professor Marcel Rubin, Wien
Dr. Willi Schuh, Zürich
Staatsarchiv Leipzig
Professor Rudolf Stephan, Berlin
Professor Jonathan Sternberg, Philadelphia
Frau Eleonore Vondenhoff, Frankfurt am Main.
Die vorliegende Publikation versteht sich nur als Abschluß einer Etappe der Forschung, denn die Vermutung liegt nahe, daß sich in privaten und öffentlichen Sammlungen noch weitere Zeugnisse der Beziehung Mahler–Strauss finden lassen. Als zentrale Dokumentationsstelle der Mahler-Forschung ist die Internationale Gustav Mahler Gesellschaft bemüht, solche Dokumente zu erfassen, und deshalb für jeden Hinweis dankbar, der das Erreichen dieses Ziels fördern kann.

Wien, Ende Februar 1980   Herta Blaukopf

DIE BRIEFE

Abkürzungsverzeichnis

GMB: Gustav Mahler, *Briefe. 1879–1911.* Herausgegeben von Alma Maria Mahler, Berlin/Wien/Leipzig 1924.

AM: Alma Mahler, *Gustav Mahler. Erinnerungen und Briefe,* Amsterdam 1940.

RST Briefe: *Der Strom der Töne trug mich fort. Die Welt um Richard Strauss in Briefen.* In Zusammenarbeit mit Franz und Alice Strauss herausgegeben von Franz Grasberger, Tutzing 1967.

RST Eltern: Richard Strauss, *Briefe an die Eltern, 1882–1906.* Herausgegeben von Willi Schuh, Zürich 1954.

RST Betrachtungen: Richard Strauss, *Betrachtungen und Erinnerungen,* Zürich 1949.

Schuh: Willi Schuh, *Richard Strauss, Jugend und frühe Meisterjahre,* Zürich 1976.

Lieber Herr College!

Da meine Rückreise nach München sich allem Anscheine nach bedeutend verzögert, bitte ich Sie mir freundlichst Auskunft zu geben, welche Schritte ich zu thun habe, um eine Symphonie von mir in der nächsten Concertsaison in München zur Aufführung zu bringen – und ob überhaupt einige Aussicht dazu vorhanden ist.

Levy ist ja wol noch nicht in München und zur Einreichung scheint mir schon hohe Zeit zu sein.

Bitte, lieber Freund, rathen Sie und – helfen Sie ein wenig, wenn es möglich ist.

Herzlichen Gruß von Ihrem

Gustav Mahler

z. Z. Prag, Hotel »blauer Stern«

Datierung: August 1888. Mahler hielt sich im Sommer 1888 in München auf und reiste später nach Prag, wo er am Deutschen Landestheater seine Weber-Bearbeitung »Die drei Pintos« einstudierte.
eine Symphonie von mir: Mahlers I. Symphonie, vollendet März 1888. – *Levy:* Hermann Levi (1839–1900), Hofkapellmeister in München. Im »Grauen Tagebuch«, 5, S. 12, von Richard Strauss ist folgende Erinnerung eingetragen, die möglicherweise ins Jahr 1888 zurückreicht: »Bei Levi lernte ich auch Mahlers I. Sinfonie kennen, dessen sehr originellen humoristischen Trauermarsch wir sofort vierhändig aus der Partitur spielten.«

Die Direction
der kgl. ung. Oper
in Budapest

Lieber Freund!
Erlauben Sie mir eine vertrauliche Anfrage. Ich habe
Hr. Grützmacher, dessen Vertrag Sie so gütig waren, als
Zeuge zu unterfertigen, als Solocellisten engagirt – in der
Meinung, daß es der mir bekannte Weimarer Cellist sei. –
Ich ersehe aber aus den schriftlichen Unterhandlung[en],
daß es ein 3.ter Grützmacher ist, von dem ich demnach
nichts Anderes weiß, als daß er plötzlich von Sonders-
hausen abgegangen ist. – Ich bitte Sie nun, mir ganz vertraulich mitzutheilen, ob Sie Hr. G. als Musiker und Instrumentalisten kennen, und welche Meinung Sie von
ihm haben. –
Im letzten philharmonischen Concert hatte ich hier die
Freude Ihre symph. Dcht. »Aus Italien« kennen zu lernen, und bin ganz besonders von den letzten 2 Sätzen
ganz entzückt. Die Wirkung auf das Publikum war leider
nicht so intensiv, als ich es gewünscht hätte, da die Con-
certleitung den mir unbegreiflichen Einfall hatte, Ihre
Composition an das Ende eines überlangen Concerts zu
stellen.
Gerne hörte ich mehr von Ihnen – (ich meine, auch persönliches) und hoffe im Stillen, daß Sie in Ihrer Antwort
auch ein wenig über sich berichten. –
Mit freundlichen Grüßen Ihr ergebener

Gustav Mahler

Datierung: 2. Hälfte Januar 1891. »Aus Italien« wurde im philharmonischen Konzert vom 14. Januar zum erstenmal in Budapest aufgeführt.
Grützmacher: deutsche Cellistenfamilie, deren bedeutendstes Mitglied Friedrich G. (1832–1903) war. *– der mir bekannte Weimarer Cellist:* Leopold Grützmacher (1835–1900), Konzertmeister der Weimarer Hofkapelle. *– ein 3.ter Grützmacher:* Friedrich G. jun. (1866–1919),
Sohn Leopolds, der seine Laufbahn an der Hofkapelle in Sondershau-
sen begann. *– »Aus Italien«:* symphonische Fantasie, op. 16, Uraufführung 1887 unter Strauss in München.

M 3

Lieber Freund!
Ich werde, dieß verspreche ich Ihnen, alles thun, was in
meinen Kräften steht, um die beiden Ritter'schen Opern
hier dran zu bringen, und denselben durch eine möglichst
sorgfältige Aufführung zu wahrem Leben aufzuwecken.
– Allerdings ist Pollini (der sich gerade auf Reisen befindet) ein <u>Gewalt</u>haber – leider auch ein Gewalt<u>haber</u>, daher kann ich mich blos für <u>mich</u> verbürgen, nicht auch
dafür, daß ich unser Beider Willen durchsetze. – Sowie er
jedoch von seiner Reise zurückkommt, fasse ich die Sache
an. – Daß Sie jetzt Tristan haben, freut mich vom Herzen
für Sie und für Tristan. Wie schön, daß Sie daß so von
Grund auf bauen können. –
Ich habe ihn vorigen Monat hier <u>ohne</u> Strich (dto die
Meistersinger) durchgesetzt. Es waren freilich Pyrrhus-
siege, – in den Augen Pollinis bin ich dadurch jedenfalls
gesunken. – Nun Glückauf zu Ihrem Tristan »ohne Tem-
powechsel«!

Meine »Partituren«, lieber Freund, bin ich dran in den Pult zu thun. Sie wissen nicht, welche unausgesetzte Zurückweisungen ich mit ihnen erfahre. – Jedesmal zu sehen, wie die Herren vom Sessel fallen, und es als unmögliches Wagstück erklären, so was aufzuführen – das ist auf die Dauer unerträglich. – Dieses ewige fruchtlose Herumhausiren damit. –

Vor 8 Tagen hat Bülow beinahe seinen Geist aufgegeben, während dem ich ihm daraus vorgespielt. –

Sie haben so was nicht durchgemacht, und können nicht begreifen, daß man anfängt den Glauben daran zu verlieren.

Mein Gott! Die Weltgeschichte wird auch ohne meine Compositionen weitergehen!

Ich grüße Sie herzlichst und bleibe Ihr wahrhaft ergebener

Gustav Mahler

Könnte ich nicht Ihren »Don Juan« u. Tod u. Verklärung zur Ansicht bekommen?

Datierung: Oktober 1891. Mahler, seit Ende März 1891 als erster Kapellmeister am Stadttheater Hamburg tätig, brachte am 7. September eine Aufführung von »Tristan und Isolde«, die »mit Ausnahme des ersten Theils des großen Duetts im zweiten Acte« ohne Striche war (Hamburger Fremdenblatt, 8. September 1891).
die beiden Ritter'schen Opern: »Der faule Hans« (Uraufführung 1885 in München) und »Wem die Krone?« (Uraufführung 1890 unter Strauss in Weimar) von Alexander Ritter (1833–1896). – *Pollini:* Bernhard P. (1838–1897), Direktor des Stadttheaters Hamburg. – *Meine »Partituren«:* zu diesem Zeitpunkt wahrscheinlich nur »Das klagende Lied«, I. Symphonie, »Todtenfeier« (siehe auch S. 142). – *Bülow:* Hans von B. (1830–1894), Dirigent und Komponist, seit 1887 in Hamburg ansässig. – *»Don Juan«:* Tondichtung, op. 20, von Strauss, Uraufführung 1889 in Weimar. – *Tod u. Verklärung:* Tondichtung, op. 24, von

Strauss, Uraufführung 1890 in Eisenach (Tonkünstlerversammlung des Allgemeinen Deutschen Musikvereins).

M 4

Lieber Freund!

Beiliegenden Brief erhielt ich vor einigen Wochen von meinem etwa 19jährigen Bruder aus Wien – Er kommt mir zufällig wieder unter die Hände, und mir fällt dabei ein, daß es Ihnen vielleicht von Interesse sein könnte, welchen Eindruck Ihr »Don Juan« in Wien auf die »junge Welt« gemacht hat. – Hoffentlich hat Sie das Geschreibsel der dortigen Kritik ebenso belustigt, wie mich, als es mir zu Gesicht kam. – Von Ihrem Tristan habe ich viel Schönes gehört und gratulire Ihnen herzlichst dazu.

Die herzlichsten Grüße von Ihrem

Gustav Mahler

Datierung: im Gegensatz zum Brief mit Bleistift geschrieben, möglicherweise nicht von Mahlers Hand, jedoch annähernd richtig.
von meinem ... Bruder: Otto Mahler (1873–1895), damals Musikstudent in Wien. – *»Don Juan« in Wien:* im Philharmonischen Konzert vom 10. Januar 1892 unter Hans Richter. Strauss schrieb am 31. Januar 1892 an seinen Vater: »Der Erfolg in Wien scheint geteilt gewesen zu sein; Mahler (Hamburg) schickte mir gestern einen Brief seines neunzehnjährigen Bruders aus Wien, der sehr begeistert und eingehend mit großem Verständnis über das Werk schreibt. Die Jungen gehn schon mit!« (RST Eltern, S. 148)

Verehrter Freund!

Freitag, den 27. dieses Monats dirigire ich in Hamburg ein Concert, in welchem ich einige meiner Compositionen zur Aufführung bringe. (Ich bin nämlich der einzige lebende Dirigent, der sich für meine Compositionen interessiert, und benütze daher schleunigst die erste Gelegenheit, die sich mir darbietet.) –

Es wäre mir eine große Freude, wenn Sie mir dabei die Ehre Ihrer Gegenwart schenken wollten. – Aus den Zeitungen ersehe ich, daß Sie wieder wol und in Weimar sind. Hamburg ist nicht allzuweit. Bitte, laßen Sie mich wissen, ob Sie kommen können oder wollen.

Mit welchem innigen Antheil ich Ihrer »Oper« entgegensehe, können Sie sich denken. – Wäre es ganz unmöglich, etwas daraus zu hören oder zu sehen?

Einer freundlichen, baldigen Antwort entgegensehend

Ihr aufrichtig ergebener
Gustav Mahler
Hamburg
Fröbelstrasse 14 III.

Datierung: um den 20. Oktober 1893 (siehe St 1). Das Konzert fand am 27. Oktober statt.

einige meiner Compositionen: Mahler führte sechs Lieder aus »Des Knaben Wunderhorn« auf und die I. Symphonie in der revidierten Fassung von 1893 mit dem Titel »Titan«. – *wieder wol und in Weimar:* Strauss war im Frühjahr 1892 schwer erkrankt und trat im November eine Reise in den Süden an, von der er erst im Sommer 1893 zurückkehrte. – *»Oper«:* der Bühnenerstling »Guntram«, an dessen Text und Musik Strauss von 1887 bis 1893 arbeitete.

Weimar, 22. Okt. 93

Verehrter Freund!

Es ist mir leider total unmöglich, Ihrer freundlichen Einladung Folge zu leisten. Ich käme furchtbar gern, habe aber leider am 27. u. 28. Lohengrinproben zu halten u. kann nicht abkommen.

Haben Sie herzlichen Dank, daß Sie meiner gedacht – daß Sie aber der einzige lebende Dirigent sind, der sich für Ihre Compositionen interessirt, ist einfach nicht wahr: als ich Sie vor zwei Jahren bat, mir einiges sinfonische zu schicken, haben Sie mirs abgeschlagen; erinnern Sie sich noch?

Mir will's in Deutschland gar nicht mehr gefallen, Klima u. Kunstzustände sind zu erbärmlich! In Ägypten schien immer die Sonne u. von Theater »auch nicht eine Spur«!

Mein »Guntram« soll Anfang Februar in München herauskommen; gegenwärtig ist Alles beim Copisten!

Mit besten Wünschen für schönes Gelingen am Freitag u. herzlichen Grüßen

Ihr aufrichtig ergebener

Richard Strauss

Quelle: Autograph in der Bayerischen Staatsbibliothek München.

24./XII 93

Lieber Freund!
Wann kommt Ihre »Oper« in München? Oder haben Sie
damit Unannehmlichkeiten? – Ich schließe dieß aus der
Nachricht, die sich jetzt durch die Blätter windet, daß die
Première in Karlsruhe vor sich gehen soll. Für alle Fälle
möchte ich Ihnen doch in Erinnerung bringen, daß hier in
Hamburg ein Sie verstehender und für Sie einstehender
Musiker (sagen wir des schönen Gegensatzes wegen) –
sitzt, der sich es zu jeder Zeit zur Ehre und zum Vergnügen anrechnen wird, Ihnen den Weg zu ebnen, so weit es
seine schwachen Kräfte erlauben. –
Ich, mit einem Wort – Sollte Ihnen irgendwo eine Erstaufführung vielleicht nicht von Stapel gehen (in Folge
der zarten Fürsorge unserer Herren Intendanten und Direktor[en] – ja sogar vielleicht Kapellmeister) – und Ihnen
das Hamburger Stadttheater zu einer Aufführung nicht
allzu unpassend dünken, so biete ich mich Ihnen ein für
allemale zur Beseitigung solcher Schwierigkeiten an. –
Daß Besetzung und Studium des Werkes mit liebevollster
Sorgfalt betrieben würden, dafür verbürge ich mich.

Herzlichst Ihr

G. Mahler
Fröbelstrasse 14 III

Première in Karlsruhe: Die Münchener Oper hatte keine verbindliche
Zusage gemacht. Im Dezember 1893 wurde »Guntram« zur Uraufführung in Karlsruhe angenommen, doch auch diese Premiere kam
nicht zustande.

Lieber Freund!

Schönsten Dank für die Zusendung Ihrer Dichtung, welche meine Interesse und Spannung noch gesteigert. – Wie das wol alles <u>klingen</u> wird?! – Sehr dankbar wäre ich Ihnen, wenn ich bei Ihrer bevorstehenden Anwesenheit in Hamburg einige Partieen des Werkes hören könnte.

Ich zähle darauf, mit Ihnen recht viel beisammen zu sein, und stelle mich Ihnen ganz zur Verfügung. Vielleicht kann ich Ihnen sonst dienlich sein? Bitte, verfügen Sie über mich!

<u>Wann kommen Sie an</u> und <u>wo</u> werden Sie <u>absteigen</u>?

Wenn ich nicht verhindert bin, so möchte ich Sie am Bahnhof abholen.

  Auf baldiges frohes Wiedersehen!

           Ihr Gustav Mahler

Datierung: Januar 1894. Strauss dirigierte am 22. Januar 1894 das 7. Hamburger Abonnement-Konzert an Stelle des erkrankten Bülow. *Dichtung:* das Textbuch zu »Guntram«.

Lieber Freund!

Herzlichen Dank für Ihre Nachrichten. – Ich bin sehr traurig, daß ich Montag nicht bei Ihnen sein kann, da hier die »verkaufte Braut« angesetzt ist. – Dem Schuch ist vielleicht der Schreck in die Glieder gefahren, <u>Sie</u> als direkten Nachfolger zu bekommen. Höchst wahrscheinlich würde ihn das »abthun«. –

Das ist prachtvoll, daß Sie wieder herkommen! Lassen Sie mich Ihre Ankunft wissen! – Würden Sie es vorziehen, nicht im Hotel zu wohnen? Für diesen Fall würde Ihnen bei mir ein Zimmer bequem eingerichtet werden. –

Der »Fall Strauss« hat das hiesige Publikum, das sanfte Wässerchen, stark aufgerührt. Lachen mußte ich über die verschiedenen Gesichter, die darüber jetzt zum Vorschein kommen. – Gestern that ich in einer Gesellschaft einen berühmten Musikdandy in etwas unsanfter Weise ab – eine Lektion, die sich Verschiedene ad notam nehmen werden.

Ausnahmsweise las ich die Kritiken. Die Pfohl'sche hat mich sehr gefreut.

 klingt tief nach!

Heiliges G-dur! Ich bin schon dabei, hier die Wege zu ebnen.

In treuem Gedenken
Ihr Gustav Mahler

26/I 94

Montag: der 29. Januar 1894, an dem Strauss in Berlin das 7. Philharmonische Konzert dirigierte. – *Schuch:* Ernst (von) Sch. (1846–1914), Leiter der Hofoper und Hofkapelle in Dresden, dirigierte in Berlin das 6. Philharmonische Konzert. – *»abthun«:* In der folgenden Saison (1894/95) wurden Strauss sämtliche Philharmonischen Konzerte in Berlin anvertraut. – *wieder herkommen:* Strauss sollte am 26. Februar 1894 in Hamburg dirigieren, sagte jedoch aus Repertoire-Gründen ab. – *Die Pfohl'sche:* Ferdinand Pfohl (1862–1949), Kritiker der »Hamburger Nachrichten«. – *Notenzitat:* Anfang des 1. Vorspiels zu »Guntram«, G-Dur. Mahler zitiert nicht notengetreu.

Lieber Freund!
Meinen Brief haben Sie wol schon erhalten.
Wie ich Ihnen schon schrieb, habe ich leider am Montag
die »Verkaufte« zu dirigiren und kann nicht dabei sein. –
Bitte, vergessen Sie nicht mir Ihre Partituren (wenigstens
die 3 symphonischen Dichtungen) einsenden zu lassen.
Haben Sie die hiesigen Kritiken erhalten? Sie haben wol
Ihren Spaß daran gehabt! – Jetzt heißt es: Hie Welf – hie
Waibling!
Ich freue mich schon wie ein Schneekönig auf unser näch-
stes Wiedersehen hier im Feber!
Herzlichst grüßt Sie Ihr getreuer
27/I 94   Gustav Mahler

Montag: siehe M 8. – *die 3 symphonischen Dichtungen:* »Don Juan«,
»Tod und Verklärung«, »Macbeth«. – *Hie Welf – hie Waibling:* Die
Kontroverse galt der symphonischen Fantasie »Aus Italien«, die
Strauss am 22. Januar in Hamburg vorgestellt hatte.

Hamburg 2/II 94
Lieber Freund!
Ihre Nachricht, betreffs Hr. v. Bronsart macht mich sehr
glücklich – und ich danke Ihnen herzlichst für Ihre
Freundschaft. – Nach Berlin schrieb ich Ihnen 2 mal –

nach Ihren Karten zu schließen, haben Sie die Briefe nicht bekommen. – Ich richtete auch eine Frage an Sie – ob Sie es nicht vorziehen würden, bei mir zu wohnen, wo Ihnen ein Zimmer, nach Ihren Wünschen eingerichtet, bereit stehen würde. Darauf, bitte, antworten Sie mir rechtzeitig. – Ich habe am 13. Feber hier Siegfried; – also leider wieder nichts! Aber nach Karlsruhe muß ich kommen, und wenn's Schusterbuben regnet.

Schicken Sie mir nur, so wie Sie irgendwie können, einen Klavierauszug für Birrenkoven, damit ich ihn für Sie in Bayreuth ein wenig vorbereite.

Übrigens sehen wir uns ja hier! Ich bin sehr verlangend, noch einmal Ihren Guntram zu genießen. Bitte, bringen Sie ihn mit. Auch werde ich dießmal als »Dirigent« aufpassen, obwol ich wetten möchte, daß ich Ihre Werke auch ohne Verständigung mit Ihnen in Ihrem Geiste wiedergeben werde. Jedenfalls aber verleiht es eine größere Sicherheit, den Willen des Autors zu kennen. – Wissen Sie übrigens, daß mich Ihre Motive im Traume verfolgen? Ich habe einen sehr nachhaltigen Eindruck empfangen. Das spüre ich erst jetzt, nachdem ich zur Ruhe darüber gekommen. Ich freue mich unendlich auf die Zeit der hiesigen Aufführung. Auf Wiedersehen in Hamburg! Lassen Sie mich ja Ihre Ankunft hier wissen. – Behns erwidern herzlichst Ihre Grüße.

In aufrichtiger Freundschaft
Ihr Gustav Mahler

Ihr Anerbieten der Direktion meines Titans nehme [ich] im Falle meiner Verhinderung mit größtem Danke an.

Hr. v. Bronsart: Hans B. von Schellenberg (1830–1913), Generalintendant der Hoftheater in Weimar, seit 1888 Vorsitzender des Allge-

meinen Deutschen Musikvereins (gegründet 1859 durch Franz Liszt).
Strauss hatte sich bei B. für eine Aufführung von Mahlers I. Sym-
phonie bei der XXX. Tonkünstler-Versammlung des Allgemeinen
Deutschen Musikvereins eingesetzt, die im Juni 1894 in Weimar
stattfand. – *Klavierauszug für Birrenkoven:* Der Tenor Willy B.
(1865–1955), seit Herbst 1893 am Stadttheater Hamburg, sang bei
den Bayreuther Festspielen 1894 den Parsifal. Mahler studierte die
Partie mit ihm, um Strauss, der als Korrepetitor in Bayreuth wirkte,
Arbeit abzunehmen. – *meines Titans:* 1893 hinzugefügter Titel von
Mahlers I. Symphonie. – *Behns:* siehe M 11.

M 11

Lieber Freund!
Ich bin ganz »paff« über Ihre Mittheilung. – Vor einigen
Tagen frug mich Pollini noch, wann ich meinen Vertrag
unterzeichnen wolle? Er ist nach wie vor äußerst zuvor-
kommend gegen mich. – Ich habe daher gar kein Urtheil
über diese Sache. – Pollini ist ein Schlichmensch. Weiß
Gott, was er damit bezweckt. – In jedem Falle bitte ich
Sie, lieber Freund, nur Ihr Interesse zu bedenken, so wie
ich in diesem Falle nur das meine bedenken will. So ist es
jedenfalls am Besten, da wir sonst jede Direktive im Ver-
kehr mit solchen Menschen verlieren.
So wie ich das Geringste erfahre, schreibe ich Ihnen sofort. Falls Sie dabei betheiligt sind, und es Ihr Interesse
erfordert, telegrafire ich Ihnen eventuell.
Meinen gestrigen Brief haben Sie wol schon erhalten. Gestern erzählte mir Behn, daß Sie ihm zugesagt hätten, bei
ihm zu wohnen; damit entfällt nun natürlich meine Einladung an Sie, da es für Sie am Besten ist, die Behnsche zu
acceptiren.

Sie werden sich dort sehr behaglich fühlen.
Also auf baldiges Wiedersehen

Ihr getreuer

Gustav Mahler

Datierung: 3. Februar 1894 (ebenso wie M 12). Der »gestrige Brief«
ist wahrscheinlich M 9 vom 2. Februar.
Ihre Mittheilung: Strauss hatte Mahler mitgeteilt, daß er in Engagementverhandlungen mit dem Hamburger Stadttheater stehe (siehe
auch S. 148 f.). – *Behn:* Dr. Hermann B. (1859–1927), Hamburger
Rechtsanwalt, auch Komponist, mit Mahler befreundet.

M 12

Lieber Freund
Ihre Mittheilung hat mich in eine nicht geringe Unruhe
gestürzt, und es wäre mir am angemessendsten, die Sache
in offener Weise mit Pollini zu einer sofortigen Klärung
zu bringen. – Ich möchte dieß jedoch nicht ohne Ihre Er-
laubniß thun.
Da das Ganze nur eventuell einer der beliebten Schachzü-
ge Pollinis sein kann, um mich ihm gegenüber aus meiner
jetzigen superioren Stellung zu verdrängen, so kann es
auch Ihnen nur willkommen sein, klar zu sehen, und so
schlage ich Ihnen vor, daß ich mit Pollini ganz offen über
die Sache rede.
Ich bitte Sie, mir umgehend ein Wort zu schreiben, wie
Sie über meinen Vorschlag denken. – Selbstverständlich
unterlaße ich es, falls Sie nur den geringsten Einwand dagegen erheben.

Herzlichst ergeben
Ihr Gustav Mahler

Hamburg 3/II 94 (Abends)

6/II 94

Liebster Freund!

Jetzt kenne ich mich gar nicht mehr aus! Vorgestern kam Pollini während der Vorstellung auf mich zu, und sagte, humoristisch grob »Jetzt aber hab ich das Warten satt; morgen kommen Sie in's Bureau, damit wir endlich unseren Vertrag in's Reine bringen können!« Ich blickte ihn ganz erstaunt an, und sagte nichts darauf. Aufrichtig gesagt hatte ich mir schon Alles für meinen Abgang zurecht gelegt. (Ich bin in solchen Dingen etwas fatalistisch und halte Alles, was geschieht, für das Beste.) –

Nächsten Morgen (also gestern) kam mir bei meinem Eintritt in's Theater schon der Bureauchef <u>Wolff</u> entgegen und legte mir einen von <u>Pollini</u> bereits unterschriebenen Vertrag vor, in welchem <u>alle meine Forderungen</u> acceptirt waren.

Heute gedenke ich, den Gegenvertrag zu unterschreiben. –

Ich kann mir also nichts anderes denken, als daß Pollini <u>uns Beide</u> haben will, was ihm gleich sieht, da er unbegreiflicher Weise oft die idealistischesten Anwandlungen hat. – Sie können sich denken, <u>wie</u> ich mich darüber freuen würde! Ich weiß Niemanden, dem ich mich so wahlverwandt fühlte, und dem gegenüber so ganz jede kleinliche Regung in mir verstummen würde. Mit größtem Vergnügen trete ich Ihnen die <u>Nibelungen</u> ab, und Alles Andere ordnen wir zwischen uns in freundschaftlicher Weise. –

Ich schlage vor, damit die Sache in's Rollen kommt, daß Sie ruhig acceptiren (natürlich ohne merken zu lassen, was ich Ihnen geschrieben.). – Sonst engagirt er am Ende wirklich den »berühmten« Grossmann.

Jedenfalls aber versichern Sie sich ab 97 Berlin; denn ich glaube, da ist dann ein herrliches Feld für Sie.

Mein Vertrag lautet jetzt auf 5 Jahre. Wo bleiben: Don Juan, Tod u. Verkl. und Macbeth?

Bitte, schicken Sie mir sie recht bald! Meine Symphonie sandte ich an Bronsart bereits ab! Wie steht es dort damit?

In herzlicher Freundschaft

Ihr Gustav Mahler

fatalistisch: Im Gegenteil, Mahler litt unter fast krankhafter Angst, ohne Stellung zu sein. – *ab 97 Berlin:* als Nachfolger des Dirigenten Felix von Weingartner an der Berliner Oper. – *den »berühmten« Grossmann:* möglicherweise Kapellmeister G. vom Kölner Stadttheater.

M 14

Lieber Freund!

Bülows Leiche dürfte Mitte nächsten Monates hier anlangen, die Vorbereitungen zu einer würdigen Trauerfeier sind im Gange; Ich hoffe, Sie finden Zeit, derselben beizuwohnen. – Den Kranz bestelle ich sofort. –

Was Guntram betrifft, so habe ich es so kommen sehen. – Ich weiß schon seit 4 Wochen, daß Guntram in Karlsruhe wackelt; und ich sage Ihnen schon heute, daß er dort zunächst nicht zur Aufführung kommen wird. – Ich bitte Sie, darüber Discretion zu bewahren; Bei unserem nächsten Zusammensein werde ich Ihnen meine Quelle nennen. Bei der Anlage Ihres Werkes, seinen unerbittlichen

Forderungen, kündige ich Ihnen schon im voraus den Dornenweg an, den dasselbe nun über unsere lieben »deutschen Kunstinstitute« antreten muß. Die größten Schwierigkeiten wird es bei den Theaterleitungen und dem Künstlerpersonal vorfinden. Ich höre im Geiste schon die Schlagworte »unaufführbar«, »stimmruinirend« etc.

Auf mich zählen Sie unbedingt; Ich setze meine ganze Person dafür ein, wo ich auch bin, und garantire Ihnen eine von liebevollstem Eifer vorbereitete Aufführung. – Bei uns steht es nun so: Birrenkoven hat jetzt bei uns den Siegfried, für Bayreuth den Parsifal zu studiren, und man kann ihm kaum zumuthen, sich dazwischen mit dem Guntram vertraut zu machen. Sein Talent und Ernst ist über allen Zweifel erhaben; aber seine Intelligenz läßt manches zu wünschen übrig (unter uns gesagt). – April ist kein Zeitpunkt für eine Aufführung an einem Theater das im Mai schließt und noch dazu mit einem Wagner-cyclus, der alle Kräfte der Künstler und alles Interesse des Publikums absorbirt. – Auch brauchte ich bei Pollini Zeit, um die Aufführung nicht nur durchzusetzen, sondern auch für das Studium den nöthigen Raum und Ernst zu bewirken. – Dieß sind meine Bedenken gegen eine Aprilpremière bei uns. – Sollten Sie jedoch anderen Sinnes sein, oder aus irgendwelchen äußeren Gründen für alle Fälle eine solche benöthigen, so werde ich meinen ganzen Einfluß einsetzen, um Ihren Willen durchzusetzen. – Ich kann aber nicht dafür stehen, daß es mir auch gelingt; auch glaube ich nicht, daß ich dann eine der Bedeutung des Werkes würdige Aufführung erzielen könnte. – Mein Vorschlag geht dahin: Erzielen [Sie] eine möglichst baldige Entscheidung in Karlsruhe, und entschließen sich dann sofort für Hamburg. – Ich setze alles daran für Ende

Oktober oder Anfang November hier das Werk herauszubringen. Das Gesangsmaterial senden Sie mir gleich zu, und ich studire das Werk bis zum Sommer vor. – In Bayreuth legen Sie die letzte Feile an Birrenkoven selbst an. – Das ganze ließe [sich] dann bis in alle Einzelheiten durchsprechen, wenn Sie bei Gelegenheit der Trauerfeier Bülow, oder auch sonst, wann es Ihnen beliebt, hieherkämen. – Jedenfalls, bitte, laßen Sie mich gleich wissen, was Sie dazu sagen. – Pollini ist jetzt nicht hier, kommt in den nächsten Tagen, ich spreche sofort mit ihm. Im Interesse der Sache muß ich es jedoch so darstellen, daß nicht Sie eine Erstaufführung hier wünschen, sondern, daß ich mir von Ihnen diese Ehre ausbitten will, und daß Sie dieß quasi aus Freundschaft für mich thun. – Von den Schwierigkeiten in Karlsruhe darf Pollini nichts ahnen, denn er ist furchtbar mistrauisch. – Was das Material betrifft, so gestatten Sie mir ein Freundeswort. – Wenn ich Pollini zu einer Zahlung von 1000 Mark bewegen sollte, so würde dieß Schwierigkeiten ergeben, deren Überwindung, respective die dabei entstehenden Umständlichkeiten nicht im Verhältniß stehen würden zu der Geringfügigkeit der Sache. – Ich habe diese Summe ganz überflüßig liegen. Erlauben Sie mir, Ihnen dieselben zur Bezahlung der Copisten anzubieten. – Beweisen Sie mir Ihre Freundschaft, indem Sie einfach »Ja« sagen, ohne fernerhin noch ein Wort über die Sache zu verlieren. Die Tantièmen für das Werk sind selbstverständlich von vorneherein zugestanden. Ich schreibe dieß in großer Eile, um Ihnen eine umgehende Antwort zukommen zu lassen. Habe nicht einmal einen ordentlich[en] Bogen Papier und benutze daher die andere Hälfte Ihres Briefes. Heute Abend ist das leidige »Concert-abonnementtrauerfeier«, das mir herzlich zuwider ist. Ich stehe als Dirigent am Zettel, obwol ich

mich dagegen verwahrt habe, dirigire aber nur die Schlußnummer: Eroica! – Bei der Weiberwirtschaft, die hier jetzt die unglaublichsten Blüthen treibt, fällt mir immer mehr und mehr auf's Herz, <u>wie sehr</u> Recht Sie hatten mit <u>Ihrem</u> Standpunkt. Na – Schwamm drüber!
Lassen Sie nun bald ein kräftig Wörtchen hören und sind
   Sie herzlichst gegrüßt

       von Ihrem Gustav Mahler
Hamburg 26/2 94.
Menschen wie wir sollten nie Concessionen machen!

Bülows Leiche: Hans von Bülow war am 12. Februar 1894 in Kairo gestorben. – *Guntram in Karlsruhe:* Der für die Titelpartie vorgesehene Sänger fühlte sich der schwierigen Rolle nicht gewachsen. – »*Concert-abonnementtrauerfeier*«: das 9. Hamburger Abonnement-Konzert vom 26. Februar 1894, das Strauss dirigieren sollte. Als Strauss die Nachricht von Bülows Tod erhielt, änderte er sein ursprüngliches Programm und schlug neben Bülows Komposition »Nirwana« Werke von Wagner und Liszt vor. Aus Rücksicht auf die Hamburger Bülow-Gemeinde, die auf Johannes Brahms orientiert war und außerdem nicht verzeihen konnte, daß Liszts Tochter Cosima ihren Gatten Bülow verlassen und Richard Wagner geheiratet hatte, wurde dieser Vorschlag abgelehnt. Strauss wiederum weigerte sich, ein Werk von Brahms zu dirigieren. Das Konzert wurde von Mahler und Julius Spengel geleitet. – *Weiberwirtschaft:* Auch in Briefen an seine Schwester Justine äußerte sich Mahler wütend über den Kult, den die Damen der Gesellschaft mit dem toten Bülow trieben.

Lieber Freund!

Ihr Brief traf mich gerade dabei, Ihnen in etwas deprimirter Stimmung – den Verlauf meiner Bemühungen um Guntram zu schildern. – Da ich noch nie mit einer derartigen Forderung an Pollini herangetreten war, habe ich mir die Sache doch einfacher vorgestellt. – Ich, naiver Mensch dachte, wenn ich zu Pollini komme, und spreche: »Da ist ein Mensch, welcher mit die Hoffnung des musikalischen Deutschlands ist, (und noch dazu nicht etwa von einigen Heißsporn[en] sondern einfach bei Alt und Jung unbestritten als das angesehen) – der hat eine »Oper« componirt, deren Text und Musik ich kenne, und welche ich seit Wagners Parsifal für das Bedeutendste (vielleicht für das einzig Bedeutende) halte, was auf dramatischem Gebiete geleistet worden ist. Wollen Sie das Werk aufführen? Kosten erwachsen Ihnen keinerlei daraus.« – so wird Pollini sagen: Selbstverständlich! Nur schnell her damit! Zu meinem größten Erstaunen aber verhält sich bis jetzt Pollini ganz ablehnend dagegen. – Nun fällt es mir natürlich bei Weitem nicht ein, die Flinte in's Korn zu werfen, und ich zweifle nicht daran die Aufführung endlich durchzusetzen – als letztes Mittel steht immer meinerseits die Aufwerfung der »Cabinetsfrage«. Aber dieß mit Gewalt durchsetzen wollen, wäre darum verfehlt, weil ich <u>Zeit</u> und <u>guten Willen</u> aller Betheiligten dazu brauche. Wenn Pollini ungern daran gienge, wie er es beispielsweise demnächst bei »Hiarne« thun wird, so »schmeißt« er einfach die Sache heraus, um sie los zu sein; und dieß ist bei Ihrem Guntram völlig ausgeschlossen. Ich muß also mit »Tropfen den Stein höhlen«. Dazu brauche ich Zeit. – Sehr wichtig wäre mir, mit Birrenkoven einstweilen die Partie vorzustudiren. Aus allen möglichen Gründen, die ich Ihnen bei Ihrer baldigen Anwesenheit in Hamburg auseinandersetzen werde.

Auch können Sie bei Pollini persönlich viel thun. – Wir wollen Ihre Anwesenheit dazu benutzen, das Eisen zu schmieden. Die Esse will ich noch gehörig vorbereiten bis zu Ihrer Ankunft.

Also jedenfalls: es bleibt dabei – ich setze es durch – denn ich lasse nicht locker. Wenn ich Pollini einmal in guter Laune erwische (besonders in dem Moment, wo er von mir eine Gefälligkeit braucht) wird Alles gut ablaufen. (Ich weiß dieß aus Erfahrung). Ich wollte Ihnen eigentlich darum noch nicht schreiben, denn Sie glauben nicht, wie bitter mir das wird. Aber andererseits müssen Sie davon erfahren; und schließlich sind Sie auch »das Warten« gewöhnt – wenn auch nicht so gut, wie ich.

München freut mich bei Ihnen ungemein, obwol ich Ihr Engagement in Berlin lieber gesehen hätte. – Dieß wird aber wahrscheinlich doch nicht ausbleiben.

Kommen Sie nur bestimmt zu Bülows Leichenfeier; es ist sehr wichtig für Ihre Oper! Kann ich nicht wenigstens einen Clavierauszug davon bekommen? Ich muß den haben, um Birrenkoven für die Sache zu interessiren, und eventuell mit ihm einmal etwas dem Pollini vorzusingen. Dieß ist erfahrungsgemäß eine gute Methode für solche Fälle, weil seiner Eitelkeit dabei geschmeichelt wird. – Wann kommt Guntram in Weimar? Ich hoffe dazu hinzukommen!

Mit herzlichsten Grüßen

Ihr getreuer Gustav Mahler

Hamburg 24/III 94

»Hiarne«: Oper von Ingeborg von Bronsart, der Gattin des Weimarer Intendanten. – *München freut mich:* Strauss hatte am 20. März einen Kontrakt mit der Münchener Oper geschlossen. – *Bülows Leichenfeier:* am 29. März 1894 in Hamburg. Strauss kam nicht zu den Feierlichkeiten. – *Guntram in Weimar:* Die Uraufführung fand am 10. Mai 1894 statt.

M 16

1. Mai 94

Lieber Freund!

Ich habe bis heute mit meiner Antwort auf Ihre freundliche Einladung geantwort [soll heißen: gewartet], da ich erst unser hiesiges Repertoir für den Mai kennen lernen mußte. Wie ich es vorausgesehen, fällt gerade in diese Zeit der Wagner-Cyclus mit seinen Proben, so daß meine Anwesenheit unumgänglich ist. – ich muß mir daher es versagen, der I. Aufführung beizuwohnen, wie ich so sehr gewünscht hatte, hoffe jedoch am 1. [gestrichen: Mai] Juni dabei zu sein.

Pollini habe ich seitdem wieder angezapft, immer mit dem gleichen Erfolge. – Ich habe jedoch einen anderen Plan. – Ich dirigire im nächsten Winter hier die Wolff-Concerte, wie Sie wissen werden. – In einem derselben mache ich mit [gestrichen: Guntram] Birrenkoven die große Szene im 2. Akte und vorher das Vorspiel, wenn Sie mir dieß gestatten.

Indessen kommt mit der Zeit auch Rath. – Ich denke mir Sie jetzt mitten im Guß, und bin im Geiste oft dabei. – Ich bedauere sehr, daß der mir zugesandte Clavierauszug so sehr skizzenhaft gehalten ist, daß ich oft kaum was errathen könnte, wenn ich es nicht schon von Ihnen gehört hätte.

Mit Birrenkoven studire ich jetzt eifrig den »Parsifal«, und habe eine rechte Freude an dem famosen Kerl. –

Mit dem herzlichsten Gruße und den aufrichtigsten Wünschen zu Ihrer »Hoch-zeit« (10. Mai)

Ihr aufrichtiger

Gustav Mahler

Hoffentlich Auf Wiedersehen am 1. Juni

Ihre freundliche Einladung: zur Uraufführung des »Guntram« am 10. Mai in Weimar. – *Wolff-Concerte:* Hermann Wolff (1845–1902), Inhaber des Konzert-Büros H. W., das die Hamburger Abonnement-Konzerte veranstaltete, die vorher Bülow dirigiert hatte. – *am 1. Juni:* Aufführung von »Guntram« zu Ehren der Tonkünstler-Versammlung des Allgemeinen Deutschen Musikvereins. – »Hoch-zeit«: Gemeint ist die »Guntram«-Premiere.

M 17

Lieber Freund!

Der Guntram hat also nunmehr das Licht der Welt erblickt, und wäre so nun in eigentlichem Sinne der Welt geschenkt. Über den unerwartet glücklich[en] Ausfall, wünsche ich nicht Ihnen, sondern uns Glück. Wie sehr ich darnach verlange, ihn zu hören, kann ich Ihnen nicht sagen. Immer mehr und mehr habe ich es hier bedauert, nur dieses unvollkommene Particell zu besitzen, in welchem sogar jedes orchestrale Zwischenspiel fehlt, und das bei einer so eigenartigen Factur jedes wahre Verständniß unmöglich macht. Ich war nur froh, damals von Ihnen selbst vorbereitet worden zu sein – und aus dieser Erinnerung habe ich die Tage her geschöpft.

Bronsart schreibt mir, daß Sie so lieb sein wollen, meine Symphonie vorzubereiten. Ich sende Ihnen morgen bereits das Stimmenmaterial. – Zu diesem bringe ich selbst je 2 von jeder Gattung der Streicher mit, welche jetzt hier ausgeschrieben werden; für die Vorbereitung in Weimar dürften ja 6 I Geigen, 5 II Geigen, 4 Violen, 4 Celli u. 4 Bäße genügen. – Nun noch eines: das Manuscript, das Sie in Händen deckt sich nicht mehr im Einzelnen mit dem übersandten Material. Dieses ist nach dem 2. Exemplar in meinen Händen ziemlich retouchirt, wobei ich mir eben die Erfahrungen der hiesigen Aufführung zu Nutzen gemacht habe. – Es ist im Ganzen Alles schlanker und durchsichtiger geworden. – Genügt Ihnen zum Zwecke der Vorbereitung die unretouchirte Originalpartitur? Oder soll ich Ihnen zu diesem Zwecke doch sofort mein Exemplar einsenden? Ich hätte dieß ohnehin sofort gethan, wenn ich nicht so ängstlich wäre, damit das Werk ganz aus meinen Händen und auf der Post herumzukutschiren zu wissen. – Falls Sie es jedoch vorziehen, so laßen Sie mich dieß umgehend wissen, und ich sende es Ihnen dann sofort ein. –

Eine Bitte hätte ich immerhin: Nehmen Sie Bläser und Streicher jede [?] für sich vor; ich war auch hier dazu gezwungen. – Ich treffe am <u>29.</u> in Weimar ein! Wann habe ich meine Proben?

Wollten Sie so lieb sein, mir ein Zimmer dort irgendwo zu reserviren, und einen Platz zu den Aufführungen für meinen Bruder, der denselben beiwohnen möchte. (Es ist derselbe junge Mensch, dessen Brief ich Ihnen seinerzeit eingesandt.) –

Verhält sich das wirklich so, wie mir Hr. v. Bronsart

schrieb, daß die Streicherbesetzung bloß 10 I. VL. und 8 II. aufweist? <u>Dieß wäre sehr hart</u>, denn da weiß ich in der That nicht, wie das klingen wird! Ließe sich da <u>nichts thun</u>, um eine ausreichende Verstärkung zu verschaffen? Mit Vergnügen würde ich einen Theil der Kosten dazu übernehmen.

Bemerken will ich noch, daß das Material <u>ganz fehlerlos</u> ist, und bei jedem Zweifel <u>demselben vor</u> der <u>Original-partitur</u> der Vorrang gegeben werden muß. –

Die Instrumentation der Einleitung ist in den Streichern ganz geändert und befindet sich das <u>Schema</u> dazu in der Mappe der Noten, die ich einsende.

Laßen Sie was von sich hören! <u>Wann wird der Guntram gedruckt?</u> Herzlich grüße ich Sie bis zum frohen Wiedersehen in Weimar

Ihr getreuer Gustav Mahler

15. Mai 94   Fröbelstrasse 14

meine Symphonie: Mahlers I. Symphonie D-Dur (»Titan«).

M 18

Lieber Freund!
Ich sende also auch die Partitur an Sie in Gottes Namen ab! Einer nothwendig gewordenen Collation wegen kann ich das Material erst morgen einsenden! Die Partitur sende ich in einem eigenen Postpaket. –
Ihre Nachricht betreffs des Guntram ist wirklich äußerst überraschend für mich. Also wiederholt sich die alte Ge-

schichte wieder, die ewig neu bleibt. »Nabobs Weinberg ist auch hier«. Dabei bleibt es: Ihr Werk kommt nächsten Winter hier dran, und wenn ich zu den unlautersten Mitteln greifen müßte (Pollini die Cour machen etc.)

Schon darum ist es mir wichtig, weil Sie nirgends derzeit einen passenderen Vertreter der Titelrolle finden können, als Birrenkoven, der sich nunmehr bei den Parsifalproben in ungeahnter Weise entwickelt. An dem werden Sie in Bayreuth Ihre Freude haben.

Bis jetzt bin ich noch nicht dazu gekommen, mit ihm den Guntram durchzugehen – der arme Teufel ist zu sehr angestrengt, und ich kann mir mit äußerstem Aufwand von Anspannung kaum die Stunden für den Parsifal herausdrücken, der jetzt doch zu wichtig ist. – Jedenfalls hoffe ich, bevor ich von hier weggehe, ihm die Sache einmal vorzuspielen, und Sie befaßen sich mit ihm wol eingehend in Bayreuth. – Seine Solopartie gebe ich ihm mit. – Soll ich auch das kleine Particell mitgeben, oder kann ich das noch bei mir behalten. – Ich nasche täglich daran, und errathe mir langsam Alles wieder zusammen.

Wie sich das im Orchester aufbaut – darauf bin ich zu gespannt! Höchst wahrscheinlich werde ich Augen und Ohren aufmachen müssen. Ihrem Briefe nach scheinen Sie etwas deprimirt zu sein. – Lieber Freund! Das ist doch nicht nothwendig!

Wenn die Hunde bellen, so sehen wir, daß wir reiten, sagt Göthe! Und Sie sitzen doch herrlich zu Roß! Ich freue mich schon unendlich auf das Zusammensein mit Ihnen. Hoffentlich haben Sie einige Stunden für mich übrig!

Herzlichst Ihr

17. Mai 94 Gustav Mahler

Birrenkoven habe ich vom Guntram schon viel erzählt und er ist Feuer und Flamme für die Aufgabe!

die Partitur: offenbar das in M 17 erwähnte zweite Exemplar, das mit dem Orchestermaterial übereinstimmte.

M 19
___

Steinbach am Attersee
19. Juli 94.

Lieber Freund!

Heute erst komme ich dazu, Ihren lieben Brief zu beantworten – es ist ja wol bei Ihnen auch so, daß je weniger Sie zu thun haben, desto weniger Zeit Sie haben. Ich bin aufrichtig genug dazu, dieß als einzige Entschuldigung anzuführen. –

Wie können Sie nur fragen, ob ich Ihnen Ihre Aufrichtigkeit übel nehme. Glauben Sie mir es, auch dann würde ich es nicht thun, wenn Sie Ihren Tadel in ein weit weniger schmeichelhaftes Gewand kleiden würden. –

In der Sache selbst kann ich mich nicht zu Ihnen bekennen; daß Sie an der von Ihnen bezeichneten Stelle den Beschluß und sozusagen die Zusammenfaßung des Ganzen wünschen, beweist mir bloß, daß ich mich überhaupt nicht deutlich ausgedrückt, und dieß wäre allerdings übel genug. Wenn es Sie nicht langweilt, werde ich in Bayreuth darauf zurückkommen, und Ihnen auseinandersetzen, wie ich darüber denke. – Nur Eines heute: an der beregten Stelle ist die Lösung eine bloß scheinbare (das ganze im wahren Sinne des Wortes ein »Trugschluss«) und es bedarf eines [sic] einer Umkehr und Brechung des ganzen Wesens, bevor ein wahrer »Sieg« nach einem solchen Kampfe gefunden werden kann.

Ich beabsichtigte eben einen Kampf darzustellen, in welchem der Sieg dem Kämpfer gerade immer dann am weitesten ist, wenn er ihn am nächsten glaubt. – Dieß ist das Wesen jeden <u>seelischen</u> Kampfes. – Denn so einfach ist das da nicht, ein Held zu werden oder zu sein. –

Wenn ich aber auch in späterer Zeit (wenn ich also selbst <u>über</u> der Sache stünde) zur Überzeugung gelänge, daß ich meine wahrste Absicht nicht zum Tönen gebracht habe, so werde ich doch nichts mehr daran ändern. Und wissen Sie warum? Sie werden es sofort wissen, wenn Sie sich befragen, was Sie in einem solchen Falle täten: <u>etwas Neues</u> machen, und das <u>Ganze</u> besser! Nicht wahr, darin verstehen wir uns!? –

Und nun will ich Ihnen doch noch eine triftige Entschuldigung für meine Nachläßigkeit sagen: Ich habe in diesen Wochen den letzten Satz meiner 2. Symphonie vollendet. Wenn Sie die hören, werden Sie begreifen, daß ich jetzt andere Dinge thun mußte, als meine abgestreifte Haut zu verbessern: Es ist mir eine neue und passendere gewachsen. In der That verhält sich mein neues Werk zu dem Ihnen bekannten, wie ein Mann zu einem Säugling.

Es liegen ja auch <u>7 Jahre</u> dazwischen – das will was heißen in unserem Alter. – Ich hoffe, in den letzten Tagen dieses Monats in Bayreuth zu sein, und rechne darauf, mit Ihnen intensiver zusammen zu sein als in dem Weimarer Saus!

Herzlichst Ihr getreuer
Gustav Mahler

Steinbach am Attersee: Mahlers Sommerquartier 1893–1896.

An
Herrn Hofkapellmeister
Richard Strauss
      München
      Hildegardstrasse 2.

Lieber Freund! Partitur u. Clavierauszug von Iphigenie
ist in meinem Besitz. P. hat mir versprochen, Ihre Bearbeitung anzunehmen. – Von den Bedingungen, die der
Verleger stellt, sprach ich noch nicht! Ich fürchte, daß das
wieder Schwierigkeiten geben wird, da der Verleger
nicht sehr loyal darin ist. Ich kenne P. zu gut darin! Ich
werde seinerzeit (es soll im April heraus) Ihre Vermittlung in Anspruch nehmen müssen.
Der Teufel soll es holen, daß wir immer mit solchen
Lumpereien uns herumschlagen müssen.
Die Stimmen sind fertig (zu meiner Symphonie), und in
der nächsten Woche werde ich sie mit meinem Orchester
durchgehen!
                        Herzlichst Ihr
                        Gustav Mahler

Datierung: Postkarte mit Poststempel: Hamburg 4/I 95 6 – 7 N, München 5. Jan. 9–10 Nm. 95.
Adresse: Strauss hatte im Herbst 1894 sein zweites Münchener Engagement angetreten. – *Iphigenie:* Christoph Willibald Glucks »Iphigenie auf Tauris«, bearbeitet (1890) von Strauss, Druck 1895. – *P.:*
Bernhard Pollini. – *der Verleger:* Adolph Fürstner, Berlin. – *zu meiner
Symphonie:* Mahlers II. Symphonie, 1.–3. Satz.

Lieber Freund!
Das Material zu den 3 Sätzen meiner Symphonie ist fertig, und bereits gespielt. – Es ist tadellos und sehr deutlich, und merkwürdiger[weise] viel leichter als meine erste Symphonie. –
Wohin soll ich dasselbe absenden? Wann ist die erste Probe?
Eventuell wäre ich gerne bereit, Ihnen diese abzunehmen, und die Sachen für Sie »aus dem Rohen« herauszuarbeiten ...
Im nächsten hiesigen Abonnementsconcert kommen die beiden Vorspiele zu Guntram, und in einer Matiné im Stadttheater nicht lange darauf singt Birrenkoven Ihre Gralserzählung. – So, hoffe ich, bringen wir die Sache langsam in Gang. – Auf mein letztes Schreiben (bezüglich der Iphigenie) bin ich noch ohne Antwort. Bitte, schreiben Sie umgehend, wenn auch nur eine Correspondenzkarte.
Mit herzlichsten Grüßen an Sie und Ihre Frau

Ihr ergebener

Gustav Mahler

Parkallee 12
  27/I 95

Das Material: siehe M 20. – *erste Probe:* Strauss leitete in der Saison 1894/95 die Philharmonischen Konzerte in Berlin. Für das 9. Konzert, am 4. März 1895, hatte Strauss die ersten drei Sätze von Mahlers II. Symphonie aufs Programm gesetzt. – *Im nächsten hiesigen Abonnementsconcert:* Mahler leitete in der Saison 1894/95 die Hamburger

Abonnement-Konzerte. Er dirigierte im Konzert vom 4. Februar 1895 das Vorspiel zum I. Akt von »Guntram«. – *Ihre Gralserzählung:* die Friedenserzählung aus »Guntram«. – *und Ihre Frau:* Strauss hatte am 10. September 1894 seine einstige Schülerin, die Sängerin Pauline de Ahna, geheiratet.

M 22

Lieber Freund!
Ich möchte zur ersten Probe in Berlin sein – eventuell sie Ihnen überhaupt abnehmen. – Bitte, lassen Sie mich [gestrichen: definite] wissen, ob sie definitiv 18. Feber stattfindet. – Ich brauche eine Menge Extra-instrumente dazu, und bitte Sie unter jeder Bedingung, dieselbe[n] anzuordnen. Ich bin gerne bereit, die Kosten selbst zu tragen, da ich weiß, daß es Wolff unangenehm ist.
Also 1 Es-clarinette
     1 2ter Pauker mit 3 Pauken
     1 2te Harfe
und mindestens 8 Bäße, von denen wenn möglich einer oder 2 eine C-saite haben. Zum Schlagwerk brauche ich außer den 2 Pauker[n] noch 3 selbstständige Menschen. Daß 6 Hörner, 4 Trompeten, 4 Posaunen, 1 Basstuba, 1 Contrafagott, engl. Horn, 1 Bassclarinette nöthig sind, werden Sie aus der Partitur wissen. –
Noch etwas: Könnte ich auf meine Kosten eine Extraprobe mit dem ganzen Orchester haben und wann?
Bitte, antworten Sie nur recht bald auf obiges!
Wenn ich nach Berlin komme, so möchte ich mit Ihnen zu Fürstner gehen, und die Sache der Iphigenie geschäftlich zu ordnen. Von Pollini laße ich mir dazu eine Voll-

macht ertheilen. Im März soll die <u>Oper heraus</u> (spätestens Anfang April).

Gestern hatte ich Ihr Vorspiel zu Guntram (durch die Nachlässigkcit Wolffs (oder Unverständniß?) nur zum 1. Akt, obwol ich beide angesetzt. Ich war <u>sehr</u> erfreut über die Aufführung, und noch mehr über das Publikum, welches sehr gepackt war. Es klang herrlich!

In der Matinee mache ich nun vor der Großen Guntram-scene das Vorspiel zum 2. Akt. Es hatte aber nichts geschadet, wenn das Publikum dasselbe vom Concert her schon gekannt hätte. –

Soll ich Ihnen etwa Rezensionen schicken? (Ich lese sie nie, um mich nicht zu ärgern, da gegen mich sehr gemeine Opposition gemacht wird.) –

Bitte um baldige Antwort! Ich bin Ihnen unentwegt ergeben

Gustav Mahler

Die deutschen Bühnen benehmen sich <u>schmachvoll</u> Ihrem Guntram gegenüber – und ich hätte es <u>nicht</u> für <u>möglich</u> gehalten!

Datierung: 5. Februar 1895, am Tag nach dem Konzert mit dem »Guntram«-Vorspiel.
Wolff: Hermann W., Konzertagent, Veranstalter der Berliner Philharmonischen Konzerte und der Hamburger Abonnement-Konzerte. – *Fürstner:* siehe M 20.

Lieber Freund!
Ich habe nun doch die Rezensionen gelesen, und schicke sie Ihnen, wie sie gehen und stehen. – Es hat mich doch gefreut, daß diese Kaffern sich im Ganzen so anständig benehmen. – Haben Sie beinahe in jeder den Passus bemerkt, daß eine Aufführung des ganzen Werks erwünscht wird? – Das scheint dem Pollini schon in die Nase gestiegen zu sein, denn er frug heute darnach. –
Nun noch der 2. (Haupt)schlag die große Szene des 2. Aktes und ich hoffe, meine Mine explodirt. –
Der einzige Esel bleibt Hr. Sittard. Ich sende ihn der Vollständigkeit wegen auch. – Das Erfreulichste aber ist und bleibt das Publikum, das sehr ergriffen war, wenn auch etwas befremdet.
Ich sage und bleibe dabei:

Viele Grüße Ihr ergebener

Mahler

Eben sehe ich, daß ich das »Fremdenblatt« nicht zur Hand habe; ich sende es morgen nach. Krause bespricht Ihr Vorspiel sehr günstig, und fordert die Aufführung.

Datierung: 6. Februar 1895 (siehe M 24).
Hr. Sittard: Josef S. (1846–1903), Kritiker des »Hamburgischen Correspondent«, Haupt der konservativen Musikpartei in Hamburg. –

Krause: Emil K. (1840–1916), Kritiker des »Hamburger Fremdenblatt«. – *Notenzitat:* Ludwig van Beethoven, »Fidelio«, I. Akt, Arie der Leonore. Dazugehöriger Text: »... sei's noch so fern, die Liebe wird's erreichen ...«

M 24

Hier, lieber Freund, ist noch die letzte, Ihnen gestern angekündigte Rezension. – Das Wichtigste daran ist, daß sich alle für eine Aufführung des ganzen Werkes aussprechen.

Pollini ist sehr abhängig von solchen Dingen. – Unsere »Aktien stehen sehr gut!« Nun noch den 2. Streich und wir sind am gewünschten Ziel. Bitte, theilen Sie mir mit, ob Sie mein Gestriges und Heutiges richtig empfiengen. –

Schließlich noch eine große Bitte. Es ist mir sehr wichtig, bei der <u>ersten</u> Probe dabei zu sein. Am 18. <u>Feber</u> kann ich <u>nicht</u> ab. Bitte, geben Sie mir einen anderen Tag, und vor Allem wo möglich eine <u>Extraprobe</u> auf <u>meine Kosten!</u> Am Besten in der letzten Woche vor dem Concert. – Ich kenne die Berliner Verhältniße gar nicht, und weiß nicht, an wen ich mich zu wenden habe. – Wenn es gemacht werden könnte, ohne daß Wolff etwas dazu thun muß, wär es mir lieb. – Bitte, erweisen Sie mir diesen Freundschaftsdienst, die Stimmen bringe ich zur Probe persönlich mit.

Herzlichst in Eile

Ihr Gust. Mahler

7/II 95 Parkallee 12 III
Bitte, gleich schreiben!

Steinbach am Attersee
8/VI 95

Lieber Freund!

Ihren Brief bekam ich hier in meinem Sommerpalais, wo ich mich mich [!] bereits seit einigen Tagen befinde. Daß ich Ihnen nicht geschrieben, hatte einzig und allein den Grund, daß ich Ihnen nichts zu schreiben hatte. Die <u>Matiné</u> fand nicht statt; ich bin nämlich indessen mit Pollini gänzlich auseinandergerathen, und habe auch vor einigen Wochen um meine Entlassung gebeten. Dieselbe ist bis jetzt nicht erfolgt – mein Gesuch ist sogar ohne jede Antwort geblieben. – Welchen Grund dieses Vorgehen hat, kann ich zunächst noch nicht enträthseln.

Entweder will mich Pollini unter keiner Bedingung entlassen, und schneidet so jede Discussion darüber ab; oder aber er sucht in aller Stille nach einem Nachfolger und gibt mir erst dann, bis er einen solchen gefunden oder nicht gefunden, einen Bescheid. – Daher gehören bis jetzt alle meine weiteren Bestrebung[en], Ihrem Schaffen die verdiente Publicität zu erringen, nur dem Gebiete der frommen Wünsche an. – Wie dem auch sei, ob ich in Hamburg bleibe, oder demnächst einen anderen Wirkungskreis finde: Sie wissen, daß ich alles nach dieser Richtung aufbieten werde, was in meinen Kräften steht. Dazu würde mich, wenn schon gar nichts Anderes, die Ihnen schuldige Dankbarkeit verpflichten. Sie sind wirklich bis jetzt der einzige <u>aller</u> meiner Fachgenossen, der von meinen Productionen Notiz nimmt; (und hoffentlich auch weiter nehmen wird.) –

Daß eine neue »sinf. Dicht« wieder angekommen, ist ja

prachtvoll! Wo bringen Sie denn nur all die Zeit zusammen? Sie sind wol der productivste von uns Allen. Einigermaßen verwundert hat mich der Titel, da mir bekannt war, daß Sie diesen Stoff dramatisch verarbeiten wollten! Wie hängt dieß zusammen? –

Ende August komme ich durch München (resp. Bayern) durch; da werde ich mir es nicht versagen, Sie aufzusuchen, falls Sie [sich] irgendwo dortherum befinden! Nicht wahr, Sie laßen mich es jedenfalls wißen, wo ich Sie treffen kann.

Meine Schwestern erwiedern Ihre Grüße vielmals. Weingartner bleibt nun doch, wie man liest? Na, – jetzt kann also Berlin wieder ruhig schlafen! Herzlichst Ihr
Gustav Mahler

Ihre Frau grüße ich vielmals.
Übersehen [Sie] nicht die jetzige Adresse.

---

meine Entlassung: Mahler blieb noch bis April 1897 am Stadttheater Hamburg. – *neue »sinf. Dicht«:* Strauss' op. 26, »Till Eulenspiegels lustige Streiche«, vollendet am 6. Mai 1895. – *dramatisch verarbeiten:* Strauss hatte ursprünglich eine Oper »Till Eulenspiegel bei den Schildbürgern« geplant und bereits am Text gearbeitet. – *Meine Schwestern:* Justine (1868–1938) und Emma Mahler (1875–1933), damals in Mahlers Haushalt lebend. – *Weingartner:* Felix von W. (1863–1942), Dirigent und Komponist, seit 1891 Hofkapellmeister in Berlin, ab Herbst 1895 auch Leiter der Hamburger Abonnement-Konzerte.

Hotel zum Askanischen Hof
Berlin, W. Königgrätzer Str. 21

Lieber Freund!
Obwol Sie es bestimmt wissen, daß am 13. Dez. die Aufführung meines Werkes hier stattfindet, so kann ich es
doch nicht unterlassen, es Ihnen besonders anzuzeigen,
und vor allem den herzlichen Wunsch auszusprechen, Sie
bei dieser Gelegenheit hier begrüßen zu können.
Was es mir für eine Freude wäre, und daß ich auf der Welt
Niemanden wüßte, den ich mir lieber unter meinen Zu-
hörern dächte, wissen Sie. – Wenn Sie können, so kommen Sie doch, lieber Freund! Ich sage Ihnen nochmals:
die 3 Sätze, die Sie kennen, sind nur die <u>Exposition</u> des
Werkes, und ich glaube, es könnte Ihnen was sein, den
letzten kennen zu lernen.
Herzlichst bin ich Ihr getreuester

                                               Gustav Mahler
Die schönsten Empfehlungen an Ihre Frau.

Datierung: Anfang Dezember 1895. Hermann Behn schrieb am
7. Dezember 1895 an Strauss: »Es wäre sehr schön, wenn es sich fügte, daß Sie am 13. Dez. hier sein könnten. Mahler hat Sie m[eines]
W[issens] eingeladen [...] «
meines Werkes: Mahlers II. Symphonie. Die ersten drei Sätze waren
am 4. März 1895 uraufgeführt worden (siehe M 20–22 und M 24); im
Konzert vom 13. Dezember wurde die gesamte Symphonie gespielt.

Herrn Kapellmeister Gustav Mahler
Berlin W. Hotel Askanischer Hof, Königgrätzerstr. 21

Lieber Freund!
Ich kann leider nicht kommen und leider auch bei den N.
Nachrichten gar Nichts für Sie thun. M. hat sich gelegentlich des Guntram so unanständig benommen, daß ich
zu ihm wie seiner Zeitung in keinen Beziehungen mehr
stehen kann. Am besten, Sie oder Herr Dr. Behn, den ich
bestens zu grüssen bitte, wenden sich direct an Musikdi-
rector Heinr. Porges, der die Konzertreferate der N. N.
unter sich hat. Mit herzlichen Wünschen für glorreiches
Gelingen

bestens grüßend Ihr

In Eile!   Rich. Strauss

Datierung: Postkarte mit Poststempel: 10. Dez. 95 8 N. – *Quelle:* Abschrift vom Autograph (Sammlung Floersheim).
N. Nachrichten: die Zeitung »Münchner Neueste Nachrichten«. – *M.:*
Oskar Merz, Kritiker der »Münchner Neuesten Nachrichten«. – *gelegentlich des Guntram:* bei der Münchener Aufführung vom 16. November 1895. Das Werk, von Teilen des Ensembles sabotiert und
von der Presse abgelehnt, erlebte in München nur eine einzige Aufführung. – *Heinr. Porges:* Heinrich P. (1837–1900), Musikschriftsteller und Leiter des von ihm gegründeten Porgesschen Gesangvereins.

München, 22. Febr. 97

Lieber Freund!

Herzlichen Dank für freundliche Übersendung der II.ten (Partitur u. Klavierauszug). Der mir neue letzte Satz hat ja einen großen Aufbau! Wie gerne möchte ich das ganze Werk hören, noch lieber einmal aufführen! Auch der Klavierauszug Behns ist ein kleines Meisterwerk.

Ich habe mich so gefreut, nach so langer Zeit wieder ein Lebenszeichen von Ihnen zu erhalten; dachte ab u. zu schon, Sie hätten den ersten »Mahlerianer« ganz vergessen!

Mit schönsten Grüßen stets Ihr

Richard Strauss

Quelle: Abschrift durch Henry-Louis de La Grange (Postkarte).

Liebster Freund!

Ich komme mit einer großen Bitte:

1. Haben Sie irgend einen eingerichteten Clavierauszug oder so etwas von Rheingold, woraus ich deutlich ersehen kann, wie sich Vogl als Loge benimmt? (Ich rechne nämlich darauf, daß bei Ihnen in München solche Aufzeichnungen existiren.)

2.) Soviel ich weiß, haben Sie für Tristan eine Holztrompete für die »lustige Weise«. Ich möchte eine solche für

Wien haben. An wen wende ich mich bezüglich einer Anfertigung eines solchen Instrumentes?

Nehmen Sie mir es nicht übel, daß ich nicht mehr schreibe. Ich weiß vor Arbeit nicht, wo mir der Kopf steht. Wie geht es Ihnen? Haben Sie etwas Neues?

Herzlichste Grüße von Ihrem alten

Gustav Mahler

Wien, 12/VIII 97

Vogl: Heinrich V. (1845–1903), Münchener Hofopernsänger. Strauss widmete ihm seine Lieder op. 10. – *Wien:* Mahler hatte im Mai 1897 seine Stellung als Kapellmeister am Wiener Hof-Operntheater angetreten und wurde im Oktober 1897 zum »artistischen Direktor« ernannt.

St 4

Lieber Freund!

Haben Sie in Ihrem Archiv eine gut instrumentierte österreichische Kaiserhymne? Natürlich!

Dann bitte ich Sie, mir die Partitur sofort copiren zu lassen (auf Kosten der hiesigen Generalintendanz) u. mir sie sobald als möglich zu schicken: wir brauchen sie zum 5. Mai. Unsere Kaiserhymne (aus einem gedruckten Büchelchen von H. Oertel) klingt miserabel!

Im voraus schönsten Dank!

Bei der Gelegenheit eine Frage, die ich mit kurzem Ja oder Nein zu beantworten bitte und ganz sans gêne, bitte, denn im Empfangen von Refus von Seite der Theaterdirektoren habe ich Routine. Ich bin daran ein ein- oder zweiaktiges burleskes Ballet zu schreiben: Kometentanz,

eine astrale Pantomime – natürlich etwas vom landläufi-
gen Gehüpfe total abweichendes – von Paul Scheerbart.
Wollen Sie das Ballet für die Wiener Oper annehmen, die
allererste Aufführung haben u. eine schöne Ausstattung
dran wenden? Auf mein gutes Gesicht hin?
Ich möchte, wenn ich irgend wo anderes [!] Chancen hätte, nicht hier in Berlin die erste Aufführung veranstalten.
Es wird circa im Herbst 1901 aufführungsreif sein. – Bitte
nochmals um ein kurzes Ja oder Nein: im letzteren Falle
ohne die mir selbst bekannten üblichen Sprüche und Ent-
schuldigungen! –
Ihre Lieder, die Frau Herzog sang, haben mir und dem
Publikum sehr gefallen: der hohen Kritik waren sie jedoch nicht serieuse genug. Was nicht eine gewisse Dosis
Langeweile in sich birgt, ist im Concert nicht »stylvoll«.
A propos: ist Ihre III. Sinfonie schon im Druck erschienen? Ich möchte daraus: was die Blumen erzählen, nächsten Winter in Paris machen! Zur Einführung! Für heute
schönsten Gruß. Bitte um die Hymne u. um kurzen Bescheid!

Stets Ihr
Richard Strauss

Charlottenbg, 22. April 1900
Knesebeckstr. 30

[Zusatz S. 2 und 3 des Briefes:]
Das Direktorium der Wiener Tantiemenanstalt mit Herrn
Weinberger an der Spitze ist eine schöne Gesellschaft!
Lassen Sie sich nur von den Verlegern dort nicht unter-
kriegen! Na darüber mündlich besser!
[Zusatz S. 4 des Briefes:]
Ihre Lieder habe ich natürlich nur aufgeführt, damit Sie
mein Ballet desto sicherer annehmen! Bin nunmal so! Da-
für bekannt!

Quelle: Autograph im Gustav Mahler/Alfred Rosé Room, The Music Library, University of Western Ontario, London, Kanada.
Kometentanz: Strauss hat die Komposition nicht ausgeführt. – *Paul Scheerbart:* (1863–1915), deutscher Schriftsteller. – *hier in Berlin:* Strauss war seit Herbst 1898 Hofkapellmeister an der königlichen Oper in Berlin und wohnte in Charlottenburg. – *Frau Herzog:* Emilie H. (1859–1923) sang am 9. April 1900 in Berlin drei Orchesterlieder von Mahler, dirigiert von Strauss. – *was die Blumen erzählen:* ursprünglicher, dann eliminierter Titel des 2. Satzes von Mahlers III. Symphonie. – *Wiener Tantiemenanstalt:* Gesellschaft der Autoren, Componisten und Musikverleger in Wien, bei der Mahler Mitglied seit 1897 war. Strauss, Mitbegründer der Genossenschaft deutscher Tonsetzer, lehnte die Wiener Gesellschaft ab, weil in ihr auch die Verleger organisiert waren. – *Weinberger:* Josef W. (1855–1928), Chef des gleichnamigen Verlagshauses, das mehrere Werke von Mahler herausbrachte.

M 28

eiligst!

Lieber Freund!

Ihr Ballet ist <u>im Voraus</u> angenommen! – Wenn ich eine Bedingung daran knüpfe, so ist dieß nur scheinbar eine Einschränkung meiner unbedingten Zusage: aber ich muß einen Einblick in das Textbuch [tun] hauptsächlich wegen der <u>Kosten</u> der Ausstattung. Können Sie mir einen Einblick in das Buch gestatten, und zugleich erlauben, daß unsere hiesigen Decorateure, Costumiers etc. einen ganz approximativen Überschlag machen? In wenigen Tagen erhalten Sie meine Antwort, welche Sie dann als bindende Erklärung annehmen können.

Sie machen schöne Randbemerkungen!? Zum Teufel, was für Erfahrungen müssen Sie gemacht haben, daß Sie

die manus lavat-Anspielung zwischen uns auch nur im Scherze riskiren! – Glauben Sie mir es, ich bin glücklich, wenn ich Gelegenheit habe, Ihrem Schaffen die gebührende Würdigung erweisen zu können. – Daß ich mir die Wiener erst langsam erziehen muß, ist nur zu natürlich, nach der Decennien langen methodischen Verdummung. Daß ich nicht eitel bin, und auf die äußeren Autorenfreuden zu verzichten gewöhnt, werden Sie mir schon angemerkt haben. – Ich erbitte mir vom Schicksal nichts als – ein ruhiges Plätzchen und in jedem Jahre einige Wochen, in denen ich mir ganz gehören kann und wenn es hoch kommt wenigstens eine gute Aufführung, damit ich meine Sache einmal gehört habe. – Für die Aufführung meiner Bagatellen herzlichsten Dank. Ich habe gelesen und mir schon meinen Vers darauf gemacht. Übrigens immer dasselbe Lied. Daß ich Sie bitte einen einzelnen Satz aus einer Symphonie nicht zu machen, werden Sie mir nicht verübeln. Es würde zu sehr misverstanden werden.
Aber die III. Symphonie schicke ich Ihnen sehr gerne! (nicht damit Sie sie aufführen, denn ich weiß, daß das mit größten Schwierigkeiten verbunden ist – sie dauert 2 Stunden.)
Wegen der Kaiserhymne werde ich sofort alles nöthige veranlaßen. Also, vor allem, schicken Sie gleich das Ballet! Ich sehe es als eine Ehrensache für die Wiener Hofoper an, die Première zu haben. – Daß Sie mit der Aufführung zufrieden sein werden, dafür verbürge ich mich!

Herzlichst Ihr Mahler

Datierung: Ende April 1900.

K. u. k. Direction
des k. k. Hofoperntheaters

Lieber Freund!
Auf das Repertoir eines der heurigen Philh. Concert[e]
habe ich Ihr »Heldenleben« gesetzt und frage nun bei Ihnen an, ob Sie nicht selbst dirigiren möchten und könnten. Ich denke, es wäre nun an der Zeit, daß Sie und unser
Publikum miteinander »Bekanntschaft« machten. Falls
Sie nicht abgeneigt sind, so bitte ich um Angabe eines
Zeitpunktes, der Ihnen passend wäre – ich würde mich in
diesem Falle darnach richten, wenn es möglich ist.
     Mit herzlichsten Grüßen und in aller Eile
                         Ihr Gustav Mahler

Datierung: Sommer oder Frühherbst 1900. Am 14. Oktober 1900 berichtete Strauss seinen Eltern: »Mahler hat mich eingeladen, bei den
Philharmonikern in Wien am 17. ›Heldenleben‹ zu dirigieren; ich
mußte ihm leider die Aufführung und Direktion refüsieren, da ich
mich Herrn Gutmann für den 23. Januar verpflichtet hatte.« (RST
Eltern, S. 236) Das hier angegebene Datum verrät, daß zumindest ein
Brief Mahlers in dieser Angelegenheit verlorengegangen ist.
Philh. Concert: Mahler leitete von Herbst 1898 bis März 1901 die Wiener philharmonischen Konzerte. – *»Heldenleben«:* Tondichtung,
op. 40, von Strauss, Uraufführung 3. März 1899 in Frankfurt am
Main. – *miteinander »Bekanntschaft« machten:* Strauss hatte bereits im
April 1895 bei einem Gastspiel der Berliner Philharmoniker in Wien
dirigiert. Am 23. Januar 1901 erschien Strauss in Wien an der Spitze
des Münchener Kaim-Orchesters, um eigene Werke, darunter »Heldenleben«, aufzuführen. Dieses Konzert war von der Agentur Albert
Gutmann veranstaltet.

Charlottenburg, den 28 ten Jan. 1901
Knesebeckstr. 30

Lieber Freund!

Habe die III.te erhalten! Vielen Dank! Das Studium der, wie es scheint, wieder sehr interessanten Schöpfung muß ich mir leider auf ruhigere Zeiten ersparen, als die jetzigen sind, wo ich täglich (auch noch für den erkrankten Muck) dirigiren muß.

Daß ich mich, als alter Partiturfeinschmecker, furchtbar auf Ihre Sinfonie freue, brauche ich Sie nicht zu versichern! Nochmals schönsten Dank!

An Gustav Brecher habe ich heute geschrieben: er wird nun nächstens bei Ihnen anrücken! Nehmen Sie ihn gut auf! Er ist ein hochtalentirter u. gebildeter Mensch, der, wie ich sicher bin, Ihnen gute Dienste leisten wird. Herzliche Grüße Ihnen u. Ihrer verehrten Schwester (auch von meiner Frau)

u. Ihrem aufrichtig ergebenen
R. Strauss

Quelle: Autograph in der Sammlung Ernest Rosé, Washington D.C., USA.

die III.te: Mahlers III. Symphonie, komponiert 1895/96, bisher nur einzelne Sätze aufgeführt. – *Muck:* Carl M. (1859–1940), neben Strauss Kapellmeister an der königlichen Oper Berlin. – *Gustav Brecher:* (1879–1942), Kapellmeister und Komponist, von 1. Juni 1901 bis 31. Mai 1902 an der Wiener Oper engagiert.

Der Director des
k. k. Hof-Operntheaters

Lieber Freund!
Ich bitte um Zusendung des Textbuches nur. An unserem Costumier sowol wie Decorateur und Maschinisten, die ich alle erst vor einem Jahre engagirt habe, und die hervorragende moderne Künstler sind, werden Sie Ihre Freude haben! – Daß Sie die Premiere Ihres Werkes nicht in Wien ansetzen können thut mir sehr leid. – Ich bin sonst nämlich gar nicht erpicht auf »Uraufführungen«. Mir ist ganz egal, wie die Herrn Journalisten ein Ereigniß an unserem Institut taxiren. Wenn mir ein Werk gefällt, so nehme ich es an, und führe es auf, wann ich kann. – Aber mit Ihrer Oper steht es anders. Für die müßte ein mustergiltiger Typus geschaffen werden; und den (das kann ich Ihnen ohne Ruhmredigkeit sagen) sind wir wol am ehesten im Stande, liebevoll und sorgfältig – ohne Hast, was die Hauptsache ist, auf die Bühne zu bringen. – Daher muß ich ein »Wettlaufen« mit einer andern Bühne ablehnen. Und zwar vor Allem im Interesse Ihres Werkes! Es sei denn, daß Sie selbst nach Erwägung des Vorhergesagten auf Ihrem Wunsche betreffs des Termins beharren. In diesem Falle werde ich alles daran setzen um nach Thunlichkeit Ihnen die Freude zu machen. (Unter uns gesagt, letzteres halte ich in allen Dingen doch für die Hauptsache – höchstens erlauben Sie mir mich Ihnen dabei zu gesellen). –
Fürstner soll die Verträge gleich einsenden. Aber bitte – im Interesse der Verhandlungen, welche mir durch die

Rechnungsbehörde sehr erschwert sind – er soll nicht exorbitant sein, wie wir es von ihm gewöhnt sind. – Es kommt ja allein darauf an, daß wir viele Aufführungen erzielen – darin liegt auch aller materielle Vortheil. Also: zwischen uns ist die Sache abgemacht. Ich bringe Ihr Werk sofort, wie die Verhältniße eine wahrhaft angemessene Aufführung garantiren. Wünschen Sie dennoch einen Termin, so werde ich Alles daran setzen, um Ihrem Wunsche gerecht zu werden. – Können Sie aber uns doch die Première geben, dann natürlich würde ich alles Andere nachstellen, und für Mitte November die Erstaufführung garantiren. Herzlichst in Eile

Ihr Mahler

Es geht mir noch etwas schwach auf den Beinen. Ich hatte einen Blutsturz, bei dem ich 2 ½ Liter verlor!

Quelle: Autograph im Besitz von Marius Flothuis, Utrecht. Da die Geschichte des Autographs unbekannt ist, läßt sich nicht zweifelsfrei beweisen, daß dieser Brief Mahlers an Strauss gerichtet ist. Inhalt und Diktion sprechen dafür, daß es sich um einen der ersten Briefe handelt, der die Wiener Aufführung der Oper »Feuersnot« von Strauss zum Gegenstand hat. – *Datierung:* Mitte März/Anfang April 1901. Der erwähnte Blutsturz ereignete sich am 24. Februar 1901.

Der Director des
k. k. Hof-Operntheaters

Lieber Freund!
<u>Feuersnoth</u> liegt beim Censor. Sowie er es freigegeben
erfolgt der Abschluß der Verträge. Dieß ist der hier erfor-
derliche Amtsgang. – Über den Termin der Aufführung
kann ich erst nach Beginn der Saison (Ende Aug.) Ent-
schlüsse fassen, bis ich die Verhältniße übersehe. Wäre
Ihnen Bertram in der Hauptrolle angenehm? Jedenfalls
muß ich <u>einen Clavierauszug</u> Ende August in Händen haben, um selbst über das Werk und seine Aufführung klar
zu werden.
Übermorgen gehe ich in die Ferien. Meine Adresse für
den Sommer: Maiernigg am Wörthersee via Klagenfurt.
     Mit herzlichen Grüßen Ihr
                   stets ergebener
                   Gustav Mahler

Datierung: Juni 1901.
Feuersnoth: ein Sinngedicht in einem Akt von Ernst von Wolzogen,
Musik von Strauss, op. 50, komponiert 1900/01, uraufgeführt in
Dresden am 21. November 1901. – *Bertram:* Theodor B.
(1869–1907), Bariton. – *Maiernigg am Wörthersee:* Mahler verbrachte
von 1901 bis 1907 seine Ferien in dem von ihm am Seeufer errichte-
ten Landhaus.

Allgemeiner Deutscher Musikverein
Gegründet im Jahre 1859
Unter dem Protectorat Sr. Kgl. Hoheit des Grossherzogs
von Sachsen.

Vertraulich

Lieber Freund!
Auf der nächstjährigen Tonkünstlerversammlung in Crefeld will ich Ihre III. Sinfonie als Hauptwerk machen! Sie
sollen es natürlich selbst dirigiren! Ist sie schon irgendwo
aufgeführt?
Nächsten Winter dirigire ich hier 6 Novitätenconcerte!
Bitte dringend um Bescheid, ob Ihr Titan im Druck erschienen u. ob er in Berlin schon aufgeführt ist.
Ich möchte gerne auch hier Ihre III. machen: ich fürchte
aber, ich werde der Kosten halber das Orchester nicht
aufbringen. Ich habe 85 Mann (16 erste, 14 zweite etc.),
aber nur 3fache Bläser u. 4 Hörner, die Verstärkungen
würden circa 300 M betragen u. ich weiß noch nicht sicher, ob ich dies schon jetzt dem neuen Unternehmen
aufbürden kann. Eventuell würde ich aber dann Ihre I.
spielen!

Herzliche Grüße
Ihr RStrauss.

Quelle: Autograph in der Sammlung Alfred und Maria Rosé, London, Ontario, Kanada. – *Datierung:* Juni 1901. Strauss war kurz zuvor zum Vorsitzenden des Allgemeinen Deutschen Musikvereins gewählt worden (siehe auch S. 165 f.).

in Crefeld: Mahlers III. Symphonie wurde am 9. Juni 1902 in Krefeld uraufgeführt. – *hier:* in Berlin.

M 32

Maiernigg am Wörthersee

Lieber Freund!
1. Meine I. wurde seinerzeit in Berlin in meinem eigenen Concert – so ziemlich unter Ausschluß der Öffentlichkeit – aufgeführt.
2. Meine III. ist überhaupt noch <u>nicht aufgeführt</u> – nur 2 Mittelsätze daraus, darunter »was mir die Blumen erzählen[«], die herausgerissen aus dem Ganzen ein ungeheuerliches Misverständniß meiner Intentionen erzeugt haben, die mich mit wahrem Entsetzen erfüllt haben, in einem Weingartnerschen Concert.
Bezüglich »Feuersnoth« scheint, horribile dictu, die <u>Censur</u> Schwierigkeiten zu machen, denn bis heute ist das Werk noch nicht heruntergekommen, so daß ich noch immer nicht in der Lage bin, an Fürstner die Contrakte einzusenden.
Ich fürchte, Sie werden sich zu Änderungen verstehen müssen. Jedenfalls muß das »lirum larum« geändert werden, und nicht nur im Wortlaut, sondern vielleicht auch noch weitergehend! Mit diesen Mächten ist leider noch immer kein Bund zu flechten.
Ich werde natürlich dahinter sein und retten, was ich kann.
Mit herzlichsten Wünschen für den Sommer, auch Ihrer lieben Frau

Ihr Mahler

Datierung: Ende Juni/Anfang Juli 1901.

in meinem eigenen Concert: Kompositionskonzert vom 16. März 1896 in Berlin. – *in einem Weingartnerschen Concert:* Weingartner dirigierte den 2. Satz der III. Symphonie am 7. Dezember 1896 in Hamburg sowie drei Sätze aus der III. Symphonie am 9. März 1897 in Berlin. – *das »lirum larum«:* In der großen Chorszene gegen Schluß von »Feuersnot« heißt es: »Deine gottverlassne Sprödigkeit bracht' über uns das finstre Leid. – Da hilft nun kein Psalieren, noch auch die Klerisei: das Mädlein muß verlieren Lirum larum lei. «

St 7

Schweizerhof
Hôtel Suisse   Interlaken

3. Juli 1901

Lieber Freund!

Ich dirigiere also 6 Novitätenconcerte nächsten Winter in Berlin u. mache im 2.ten am 18.ten November Ihre III. oder – IV. Sinfonie. Schillings erzählte mir in München, Sie schrieben an einer IV.^{ten}, die einen kleineren Aufführungsapparat beansprucht als No. III.

Ist dies richtig? Und würden Sie, wenn es sich so verhält, mir die IV.^{te} für den 18. Nov. überlassen? Ich will Ihnen sagen, warum! Die Concerte sind auf der Bühne im neuen kgl. Operntheater (Kroll) u. ich weiß noch nicht, ob ich den Knabenchor in der Höhe gut postiren kann, ob ich die 6 Glocken auftreibe etc. Das Orchester würde ich ja beschaffen können u. 3 Wochen lang Proben stehen ebenfalls zur Verfügung.

Die III.^{te} ist schon bestimmt für die Tonkünstlerver-

63

sammlung in Crefeld in Aussicht genommen, wo ein
sehr großes Orchester u. ein schöner Saal da sind.
Also bitte um eine Zeile, ob ich für dieses Jahr zum
18. Nov. eventuell Ihre IV.te haben kann, vorausgesetzt
natürlich, daß sie wirklich bequemer ausführbar ist, als
Ihre III.
Ich bin bis 8. Juli hier u. lasse mir dann nachschicken: bitte um eine Zeile hieher!

Schönste Grüße

Ihr Rich. Strauss

Quelle: Autograph in der Bayerischen Staatsbibliothek, München.
6 *Novitätenconcerte:* mit dem Berliner Tonkünstlerorchester (siehe
auch S. 167 f.). – *Schillings:* Max von Sch. (1868–1933), Komponist,
mit Strauss befreundet, im Allgemeinen Deutschen Musikverein tätig. – *IV.te:* Mahlers IV. Symphonie, komponiert 1899–1901. – *Knabenchor:* für den 5. Satz der III. Symphonie.

M 33

Lieber Freund!
Die IV. ist im Druck! Doch werde ich bis dahin das Material kaum fertig haben und außerdem möchte ich ein
neues Werk – das erste, das vielleicht den bestehenden
Verhältnißen etwas praktischer entgegenkommt und daher bei vorurteilsfreier und liebevoller Aufnahme unter
günstigen Umständen mir den einzigen Lohn bringen
kann, den ich mir von meinem Schaffen erwünsche: gehört und verstanden zu werden – nicht vor das Berliner
Publikum bringen, das mich nicht kennt und welches mir

im Voraus durch eine kurzsichtige Presse entfremdet worden ist. Ich habe die Erstaufführung den Münchnern zugesagt; und da dort sogar ein »Geriß« drum ist – es streiten sich Kaim u. Odeon darum – so habe ich ohnehin schon genug Wal und Qual und bitte Sie, lieber Strauss, meine IV. zunächst nicht in den Bereich Ihrer Ideen zu ziehen.

Was nun die III anbetrifft, so muß ich darauf bestehen, daß die Aufführung meinen Intentionen durchaus entspricht. Die 6 Glocken sind durchaus nicht das Wichtigste – darauf kann man füglich verzichten; vielleicht sind 4 zu haben – das würde auch genügen. Aber die Akustik des Krollsaales soll schlecht sein! Ist das wahr? Dann lieber Freund, machen Sie dort nichts von mir! Das Orchester muß prima sein. Die Proben müssen sehr ausgiebig sein und – mein Werk dauert 2 Stunden – es hat kein anderes neben demselben im Programm Platz. So in Berlin, wie in Crefeld!

Nehmen Sie mir es nicht übel, daß ich Ihrem freundschaftlichen Wolwollen zunächst nichts Anderes als Schwierigkeiten entgegenzusetzen habe. – Ich weiß bestimmt: wenn es in Ihrer Macht steht, werden Sie dieselben aus dem Wege räumen und ich bin zu Ihrer Verfügung mit tausend Freuden. Auch noch diesen Grund habe ich, für die III. zu plaidiren, weil ich momentan Niemanden weiß als Sie, dieses Monstrum zu wagen. Also III! III!

Übrigens wenn Sie über einen guten Chorverein verfügen, dann wäre auch das klagende Lied, das von allen meinen Werk[en] bis jetzt den entschiedensten Eindruck gemacht. Es dauert 40 Minuten. Vielleicht könnte man dazu ein oder das andere Gesangsstück wählen. Der Chor hat eine verhältnismä[ßig] kleine aber sehr wichtige und

schwierige Rolle. Solisten stelle eventuell ich fertig zur
Verfügung. – Soll ich Ihnen die Partitur schicken lassen
und wohin? –

Nun Ihrer <u>Feuersnoth</u> wegen!

Auf Umwegen habe ich erfahren, daß die Censur das
Werk nicht herausgiebt. Ob es bloß Schwierigkeiten oder
Verbot setzt, konnte ich noch [nicht] in Erfahrung bringen. Es läßt sich leider jetzt nichts machen, bis der September gekommen ist; dann werde ich den Censor selbst
aufsuchen, jetzt ist er auf Urlaub. Ob es Ihnen in Dresden
am Ende ebenso gehen wird? Das wäre doch schrecklich!
Jedenfalls lasse ich nicht locker.

Mit vielen Grüßen und aufrichtigem Vergelt's Gott für
Ihre Bemühungen

treulichst Ihr Mahler

Maiernigg bei Klagenfurth
am Wörthersee 6. Juli 1901.

Kaim: von dem Mäzen Franz Kaim gegründetes Münchener Orchester. – *Odeon:* Im Münchener Odeon fanden die Konzerte der Musikalischen Akademie statt. – *Akustik des Krollsaales:* Etwa um diese
Zeit schrieb Mahler aus Maiernigg an Bruno Walter: »... wie klingt
es im Krollsaale? Strauss will dort meine III. machen! Orchester auf
der Bühne! Geht das?« (GMB, S. 275) – *das klagende Lied:* Jugend-
werk von Mahler, 1880 vollendet, uraufgeführt in revidierter Fassung am 17. Februar 1901 in Wien.

11. Juli 1901

[...] Sie sind und bleiben ein alter Eigensinn. Das schadet aber nichts. Das ist gerade hübsch an Ihnen! [...]

Quelle: Henry-Louis de La Grange, Mahler, New York 1973, S. 634f. Bedauerlicherweise war Herr de La Grange nicht in der Lage, den Wortlaut des Briefs zeitgerecht mitzuteilen. Aus seiner Wiedergabe des Briefinhaltes in indirekter Rede geht hervor, daß Strauss die IV. Symphonie von Mahler nicht wegen des Ruhms einer Erstaufführung in Betracht zog, sondern bloß für den Fall, daß er die III. in Berlin nicht den Bedingungen Mahlers gemäß aufführen könnte. Im Berliner Konzert vom 18. November würde er trachten, das Publikum dadurch anzuziehen, daß er der III. Symphonie Liszts symphonische Dichtung »Tasso« und die Liebesszene aus »Feuersnot« voranstelle. Strauss fügte hinzu, daß er sich nicht um das »Klagende Lied« bemühe, da er seines Chors nicht sicher sei. – Der volle Wortlaut des Briefs ist im Anhang dieses Bandes (Seite 226) nachzulesen.

M 34

Lieber Freund!
Tasso 20
Feuersnoth 7
Pausen 10
Symphonie 2 Stunden
Nach dem ersten Satz 10 Minuten [Pause] (unbedingt nöthig)
dauert weit über 3 Stunden.
Dazu die ungemeinen Forderungen, die beide Neuheiten

an die Aufmerksamkeit und Fassungskraft des Zuhörers stellen! Glauben Sie mir, damit ist mir und meinem Werke <u>nicht</u> gedient. Ich schlage daher vor, für dießmal in Berlin von meiner 3. abzusehen, und eventuell eine meiner unzähligen (meinetwegen auch noch ungedruckten) Gesangssachen zu machen oder eventuell meine II., die nur anderthalb Stunden dauert. Allerdings im Saale der <u>Philharmonie</u>, da Orgel unbedingt nöthig ist. – Sonst eventuell machen Sie meine IV. Vielleicht im 2. Concert, wie Sie es gewünscht haben.

Wir brauchen eben jetzt noch nichts zu beschließen, und richten uns im Herbst ganz nach den vorliegenden Verhältnißen. Wenn Sie glauben, daß meine I (eben der sogenannte »Titan«) gemacht werden könnte, trotzdem sie in Berlin schon einmal – mit Ausschluß des Publikums – gemacht worden ist, so hätte ich einiges Vertrauen dazu.

Das »Klagende Lied« lasse ich an Sie abschicken.

Mit Feuersnoth haben Sie ganz Recht; das giebt eine ungeheuere Reclame. Aber – mein Gott! Solche Werke haben es doch nicht nöthig und lenkt meiner Empfindung nach von dem Kunstwerk ab und auf Äußerlichkeiten hin; und das ist sehr bedauerlich. Und schließlich habe ich die Verzögerung, die Unsicherheit in meinen Dispositionen und eine Menge Ärger und Noth.

Also wollen wir lieber hoffen, daß es gelingt, den gestrengen Censor vom Pfade der Tugend abzubringen; dazu mögen Eros und Dionysos ihren Segen geben. – Was haben Sie gegen Bertram? Er hat eine <u>famose</u> Höhe (bis f – ja g.) – ebenso schön wie die Tiefe, und ist ein prachtvoller burschikoser Darsteller. – Sonst wäre noch Demuth da, mit allerdings viel schönerer Stimme, aber – ohne Funken von Genialität! – Für die weibliche Rolle

möchte ich eventuell die Schoder in Aussicht nehmen,
und in zweiter die Kurz mit wundervollem Gesangstalent
aber unzureichenden Darstellungsmitteln. –
Mit vielen herzlichen Grüßen

Ihr Mahler

Die IV. erscheint im Oktober.
Es ist im letzten Satz ein Sopransolo. Orchester gewöhn-
liche Besetzung bis auf 4 Flöten und eine Esclarinette.
Posaunen und Tuba sind nicht besetzt.

Datierung: Mitte Juli 1901 (Antwort auf St 8).
Tasso 20: »Tasso«, symphonische Dichtung von Franz Liszt. Die
Zahl gibt die von Mahler geschätzte Spieldauer an. – *Symphonie 2
Stunden:* Die III. Symphonie dauert im Durchschnitt 90 Minuten. –
Demuth: Leopold D. (1861–1910), Bariton der Wiener Hofoper. –
Schoder: Marie Gutheil-Sch. (1874–1935), Sopranistin, seit 1900 am
Wiener Hof-Operntheater. – *Kurz:* Selma K. (1874–1933), Kolora-
tursopranistin, seit 1899 am Wiener Hof-Operntheater.

St 9

Königreich Bayern.
Postkarte

An Herrn Hofoperndirector
Gustav Mahler aus Wien z. Z.
in Maiernigg am Wörther See
Österreich   via Klagenfurt

Marquartstein, 17. 8. 1901.

Lieber Freund!
Das klagende Lied habe ich noch nicht erhalten!

Habe Ihre IV. nunmehr auf 15. December angesetzt! Wie lange dauert sie? Ich setze sie wohl am besten an den Anfang des Programmes?

Ist Brecher noch bei Ihnen in Wien? Wie sind Sie mit ihm zufrieden?

Klavierauszug und Chorstimmen Feuersnot erhalten Sie spätestens 15. September. Was macht die hohe Censur?

Schönste Grüße   Ihr Rich. Strauss

Quelle: Autograph in der Sammlung Alfred und Maria Rosé, London, Ontario, Kanada.

auf 15. December angesetzt: Das Konzert fand am 16. Dezember 1901 statt.

M 35

Lieber Freund!

Ich fahre 26. nach Wien, und werde dann über das Schicksal unserer Feuersnoth etwas erfahren. – Bisher weiß ich nur, daß unser sehr moralischer Intendant, der es zu Wege bringt, sowol mit den Grazien und 9 Musen, als auch mit unseren heiligen Schutzpatronen auf gleich gutem Fuße zu stehen, die Aufführung inhibiren will. Alle meine Vorstellungen und Hinweise auf den einfachen »gesunden Menschenverstand« scheinen also nichts gefruchtet zu haben. – Vederemo!

Brecher ist ein famoser und lieber Kerl, aber für uns gebricht es ihm allzusehr an Routine und Handwerksgeschicklichkeit. Ich werde versuchen, ihn für 1 oder 2 Saisons an irgend ein Stadttheater zu beurlauben.

Wegen meiner IV steigen mir folgende Bedenken auf: Es ist für die Bläser und Streicher ziemlich concertant gedacht und bedarf ganz besonders fein gearteter Künstler. – Wie ich lese, haben Sie ein neues Orchester, welches in der Qualität viel zu wünschen übrig läßt! Werden die ein solches Werk, welches durchaus nicht al fresco, sondern auf Feinmalerei angewiesen ist, leisten können.

Es dauert ungefähr 45 Minuten, fängt pp an – hört pp auf – und hat überhaupt kaum ein rechtes ff, müßte daher wol in der Mitte des Programms placirt werden.

Das klagende Lied lasse ich Ihnen schicken, so wie ich nach Wien komme.

Indessen herzlichste Grüße

Ihr Mahler

Datierung: Maiernigg, um den 20. August 1901.
Intendant: August Freiherr Plappart von Leenheer, Generalintendant der Hoftheater 1898–1906.

M 36

Der Director
   des
k. k. Hof-Operntheaters

Lieber Freund!
Trotzdem ich Sie inmitten der Arbeit weiß, muß ich Sie doch einen Augenblick stören, um Ihnen zu sagen, daß das Material meiner Symphonie erst am Mittwoch, den 4. (allerdings express) abgehen kann, und somit erst am

5. in Berlin ist. Ob dieß eine bedeutende Störung für Sie bedeutet, [ein Wort gestrichen] kann ich nicht beurtheilen, da ich nicht weiß, wie Ihnen die Proben disponirt sind. Wenn ich zu den letzten 3 Proben halte, wird es wol genügen? Wann soll ich mich dazu einfinden?

Wegen Ihrer Feuersnoth, die nun endlich hier bewilligt ist, und die ich Anfang Jänner herausbringen will, muß ich mit Ihnen noch ausführlich verkehren.

Heute eiligst nur diese Zeilen

Ihr Mahler

Quelle: Autograph im Gemeentemuseum Den Haag, Niederlande. – *Datierung:* Ende November/Anfang Dezember 1901. Mit 4. und 5. sind Tage im Dezember gemeint.

M 37

Der Director
  des
k. k. Hof-Operntheaters

Lieber Freund!

Ich komme Dienstag Vormittag in Berlin an, steige im Pallasthotel ab. Möchten Sie mir nicht noch im Laufe des Tages ein Rendez-vous geben? mir ist es gleich, wann und wo! – Durch einen Irrthum sind 2 Materialien bei Ihnen eingelangt. Ich bitte jenes zu benützen, welches von Wien (Eberle & Cpe) an Sie abgesandt wurde. – Das Instrument »Schelle« werden Sie in dem von Weingartner abgesandten Paket finden; ich habe dieß so arrangirt, da ich vermuthe, daß in Ihrem Orchester sich kaum ein solches – nur bei Balleten verwendetes – Instrument vorfindet.

Wie stellt sich die Destinn zum Solo? Ich bin noch ohne jede Antwort von ihr! Ich möchte mit ihr in Berlin ein wenig studiren! Wann? Wo? Wäre es nicht gut, daß ich einmal in Ihrem Beisein eine Probe selbst halte, zu der mir der ganze Vormittag zur Verfügung stehen müßte? Leider sind die Angaben für den Dirigenten oft nicht entsprechend, wie ich in München gesehen! Wir sprechen also Mittwoch über Alles!

Herzlichst Ihr Mahler

Datierung: zwischen 4. und 8. Dezember 1901. Der Ankunftstag in Berlin (»Dienstag«) ist der 10. Dezember.
Eberle & Cpe: Wiener Druckerei, die Mahlers IV. Symphonie herstellte, Verlag Ludwig Doblinger, Wien. – *von Weingartner abgesandten Paket:* Weingartner hatte nach der von Mahler dirigierten Uraufführung in München (25. November 1901) mit der IV. Symphonie eine Tournee durch süddeutsche Städte unternommen. – *Destinn:* Emmy D. (1878–1930), Sopranistin, war vermutlich für das Solo vorgesehen, das aber schließlich von Thila Plaichinger (1868–1939) gesungen wurde. – *Wir sprechen also Mittwoch über Alles:* Mittwoch, 11. Dezember 1901, schrieb Mahler von Berlin an seine Schwester Justine: »Heute probirt! Es geht Alles famos und ich dirigire die *Aufführung* selbst, wie ich heute mit Strauss verabredet.« (Brief in Privatbesitz)

Der Director
des
k. k. Hof-Operntheaters

Lieber Freund!
Repertoir etc. geht Ihnen mit diesem Brief zu. Es ist alles
so geordnet, daß Sie sich nur an den Pult zu setzen brauchen. Vielleicht sprechen wir noch darüber, wenn Sie angekommen sind, und sind Beide darin einige [!], daß es
sich nur um die Sache handelt; daß ich keinerlei Dirigen-
teneitelkeiten habe, werden Sie mir aufs Wort glauben.
Jedenfalls müssen Sie hier eine oder die andere Vorstellung dirigiren. Ob die Première oder eine spätere hängt
davon ab, wie unser Personal Ihrem Taktstock folgen
wird.
Ich habe alles liebevoll vorbereitet und keine Ihrer An-
deutungen unberücksichtigt gelassen. – Im Einzelnen
steht alles. Morgen ist die erste (bloß musikalische) Gesamtprobe; eine sogenannte Sitzprobe, wo nur musikalisch studirt und abgetönt wird. Herzlichst und in froher
Erwartung eines baldigen Wiedersehens
Ihr Ihnen sehr ergebener
Mahler

Datierung: Anfang Januar 1901.
Gesamtprobe: zu »Feuersnot«.

Lieber Freund!

Wie stehts mit Feuersnot?

Könnte Première am 29.ten sein?

Ich könnte dann am 27.ten Früh zu den 2 letzten Proben eintreffen. Sie wissen, daß ich am 30. u. 31.ten in Wien Concerte habe u. daß ich Ihnen riesig dankbar wäre, wenn Sie mir die große Erleichterung gewähren würden, die Erstaufführung auf den mir so bequemen 29.ten zu legen.

Für die Einstudirung möchte ich bemerken, daß es sich bis jetzt noch überall als notwendig erwiesen hat: im Ensemble (Klavierauszug Ziffer 172–177) die Oberstimme der Walpurg durch einige kräftige Chorsoprane u. eventuell die Vertreterinnen von Margret u. Elsbeth zu verdoppeln. Ebenso von Ziffer 209 bis 211 Walpurg durch einige Chorsoprane verstärken!!

Was sagten Sie zum Veitstanz der Berliner Kritik über Ihre IV.te? Ich muß sagen, er hat meine niedrigsten Erwartungen noch weit übertroffen.

Herzlichste Glückwünsche auch von meiner Frau zu Ihrer Verlobung: da bringen Sie jedenfalls die allerglänzendste gute Laune zum Studium der Feuersnot mit u. ich kann mir gleichfalls gratuliren.

Beste Empfehlungen unbekannterweise der schönen Braut u. schönste Grüße

Ihres altergebenen

Richard Strauss

5. Januar 1901
Berlin

Datierung: 1901 ist ein Schreibfehler. Es soll heißen: 5. Januar 1902. – *Quelle:* Autograph im Haus-, Hof- und Staatsarchiv, Wien, Hof-Operntheater, Zl. 48/1902.

in Wien Concerte: Am 30. Januar 1902 rezitierte Ernst von Possart das Melodram »Enoch Arden«, op. 38, von Strauss; am 31. Januar sang Pauline Strauss-de Ahna Lieder von Strauss. Beide Abende wurden vom Komponisten am Flügel begleitet. – *zu Ihrer Verlobung:* Mahler hatte sich im Dezember 1901 mit Alma Maria Schindler verlobt.

M 39

Der Director
   des
k. k. Hof–Operntheaters.

Lieber Freund!
Es ist also Alles nach Ihren Wünschen geordnet. <u>29.</u> Première, 28. Generalprobe. Aber, wäre es denn nicht besser, Sie ließen uns selbst dirigiren? Denn ich fürchte, wenn Sie mit einer Probe das schwierige Werk übernehmen, werden unsere Leute doch kopfscheu? Könnten Sie nicht, wie verabredet, eine Woche wenigstens früher kommen?

Herzlichst in Eile
Ihr Mahler

Datierung: Anfang bis Mitte Januar 1902.
selbst dirigiren: Mahler dirigierte die Premiere und die folgenden Vorstellungen.

Charlottenburg, 4. Februar 1902
Abends 8 Uhr!

Lieber, hochverehrter Freund!

Eine schönere Stunde, als die, in welcher Sie eben die zweite Aufführung von Feuersnot dirigiren, weiß ich nicht, um Ihnen nochmals für die unübertrefflich schöne Wiedergabe, die Sie vorige Woche meinem Werke bereitet haben u. hoffentlich noch recht oft bereiten werden, innigst zu danken.

In der Erinnerung schwelge ich noch immer, wenn ich des zauberhaften Orchesterklanges, des herrlichen Bühnenbildes, das Brioschi's und Löffler's Genie gedichtet, der prachtvollen Tonpoesie, mit der die wunderbar schönen Stimmen von Solisten u. Chor mein Ohr erfreut haben, gedenke.

Da es mir am Abend des 29. Jan. nicht möglich war, allen Mitwirkenden persönlich zu danken, möchte ich Sie freundlichst ersuchen, bei passender Gelegenheit Allen, die sich so außerordentlich um mein Werk bemüht haben, außer allen Solisten, Chor u. Orchester, den bereits genannten Herrn Brioschi und Löffler noch ganz besonders den Herren: Regisseur Stoll und Chordirektor Luze, die hochwichtige Erzeugerin der Feuersnot (ich meine jetzt natürlich die hohe Beleuchtungsinspektion) nicht zu vergessen, – meinen wärmsten, in allen Tonarten der Bewunderung erklingenden Dank gütigst zu übermitteln.

Wenn Feuersnot bis dahin noch lebt, komme ich am 21. März nach Wien, um auf der Durchreise das Werk

nochmals zu hören, wenn Sie so lieb sein wollen mir's für
diesen Tag anzusetzen.

Mit herzlichsten Grüßen Ihr in größter Dankbarkeit

stets aufrichtig ergebener

Richard Strauss

Quelle: Autograph im Haus-, Hof- und Staatsarchiv, Wien, Hof-
Operntheater, Zl. 48/1902.
Brioschi's und Löffler's Genie: Anton Brioschi (1855–1920) entwarf das
Bühnenbild zu »Feuersnot«, Heinrich Lefler (1863–1919) die Kostüme. Lefler war 1900/03 Vorstand des Ausstattungswesens am Hof-
Operntheater. – *Regisseur Stoll:* August St. (1853?–1918), Regisseur
am Hof-Operntheater 1885–1918. In den meisten der von ihm dirigierten Werke griff Mahler in die Regie ein. – *Luze:* Karl L., Chordi-
rigent. – *Erzeugerin der Feuersnot:* Die Oper bezieht ihren Titel daher,
daß durch Magie alle Flammen verlöschen und die Szene in Dunkel
getaucht wird.

M 40

Der Director
   des
k. k. Hof-Operntheaters

18. Februar [1902]

Lieber Freund!

Ich bin so angeekelt von der Haltung der Wiener Presse,
und vor Allem, daß [sich] das Publikum so ganz in's
Schlepptau nehmen ließ, daß ich gar nicht darüber weg-
komme. Wie schön wäre es, den Leuten den ganzen
Krempel vor die Füße schmeißen zu können! – Hier das
Ergebniß der Aufführungen:

78

I. 3100 fl

II. 1600 fl

III. 1300 fl

IV.– am Faschingsmontag – <u>einem der besten Abende des Jahres</u> 900! (wurde übrigens in letzter Stunde abgesagt!)

Leider, leider muß ich vorderhand das Werk absetzen. Aber, ich gebe den Kampf noch nicht auf! – Am 4. April kommt ein <u>neues Ballet</u> – dazu gebe ich die Feuersnoth wieder, da müssen wieder alle dabei sein und – vederemo! Vielleicht finden wir da eine unbefangenere Versammlung.

Sollte es damit nicht gehen, so werde ich im Herbst einen Einakter hervorsuchen (allerdings darf Demuth nicht darin beschäftigt sein), und so wieder und immer wieder den Versuch machen. Es ist zum Verzweifeln, daß man ohne jeden Apell sich dem Areopag der Bornirtheit und Niedertracht ausliefern muß. – Am Premièrenabend war ich doch nicht ohne Hoffnungen. – Dieß ist leider Alles, was ich Ihnen, lieber Freund, zunächst über das Schicksal Ihres Kindes (meines Schmerzenskindes) sagen kann. – Hoffentlich habe ich im April Froheres zu verkünden. In aller Eile Ihr

treu ergebener Mahler

Haltung der Wiener Presse: »Die Kritik hat das Werk einstimmig abgelehnt, es war ein Salvenfeuer von rechts und links, konservativer und radikaler Seite« (Max Graf in: Die Musik, I. Märzheft 1902, S. 1023). – *ein neues Ballet:* Da »Feuersnot« ein Einakter ist, brauchte man als Ergänzung eine weitere Oper oder ein Ballett. – *wieder alle dabei sein:* alle Kritiker.

Der Director
  des
k. k. Hof-Operntheaters

21. Febr. [1902]

Lieber Freund! Wie sehr täuschen Sie sich! 1. Nicht 3
Aufführungen – 4 waren es mit äußerst sprechenden Zif-
fern. 2. Eine Oper weiter zu geben, wenn das Publikum
gar nicht hineingeht, hängt nicht von meinem guten Willen, an dem Sie hoffentlich nicht zweifeln werden, ab.
Die Intendanz würde sofort veto einheben. – Wie unser
Publikum beschaffen ist – ich kenne es sehr genau, ist si-
cherlich vorderhand Nichts anzufangen. Bei der 5. Aufführung ist das Theater menschenleer! Erfahrungssache!
Und wenn ich, ich weiß was, dazu gebe!
Da Ihr Wunsch jedoch so entschieden geäußert ist, will
ich das Werk also nochmals mit Cavalleria oder Hänsel
ansetzen. (Bajazzo geht nicht, da Demuth nicht 2 Rollen
singen kann). Aber Sie werden es sehen – dieß erst recht
würde dem Werke schaden! – Ich fürchte nur, daß ich
von der Intendanz (resp. noch höher hinauf) keine Er-
laubniß bekomme. – Ich bin selbst vielleicht nicht weniger consternirt als Sie, aber gegen die Unmöglichkeit an-
kämpfen ist doch – unmöglich! Herzlichst und treulichst

Ihr Mahler

Nicht 3 Aufführungen: Es waren tatsächlich nur 3, Mahler zählte wohl
die abgesagte vom 10. Februar mit. – *noch höher hinauf:* Hinweis auf
das Obersthofmeisteramt, dem die Wiener Oper unterstand.

Der Director
   des
k. k. Hof-Operntheaters

Lieber Freund!
Heute geht eine kleine einaktige Oper von der ich mir
einen »Erfolg« verspreche (sie ist übrigens wirklich
hübsch und eigenartig) in Szene. Wenn sie was »macht«,
so werde ich am 19. März dazu »Feuersnoth« geben, und
bitte Sie, selbst zu dirigiren. Eine Probe wird Ihnen nach
Ihrer Bequemlichkeit angesetzt werden. Bitte, lassen Sie
mich noch im Laufe dieser Woche wissen, ob ich auf Sie
rechnen kann, da ich in der 2. Hälfte März nicht anwesend bin, und jetzt schon meine Dispositionen für diesen
Tag treffen muß.
Wenn es gelänge, so hätten wir dann das Zweigespann,
an dem es mir besonders sympathisch wäre, daß dießmal
nicht Pegasus und ein bloßes Ackerpferd an den Pflug ge-
bunden wären.
Herzlichst in aller Eile

Ihr treu ergebener
Mahler

Datierung: 28. Februar 1902.
eine kleine einaktige Oper: »Der dot mon«, ein Fastnachtsspiel von
Hans Sachs, Musik von Joseph Forster; Wiener Premiere am 28. Februar 1902. – *nicht anwesend:* Mahler machte mit seiner jungen Frau
eine Konzertreise nach St. Petersburg.

Der Director
    des
k. k. Hof-Operntheaters

Lieber Freund!
Mit der Novität ist es auch nichts! Sie hat ganz gut gefallen, ist aber kein Vorspannroß. – Ich werde daher am 14. März die Feuersnoth mit einem sehr beliebten Ballet, das <u>lange</u> nicht war, ansetzen.
Am 21. geht es leider nicht! – Ich werde aber Feuersnoth mit einer Novität im April geben, wozu ich Sie dann einladen möchte. Näheres erfahren Sie in den letzten Tagen des März.
Hoffentlich auf baldiges Wiedersehen

Ihr alter Mahler

Datierung: Anfang März 1902.
mit einem sehr beliebten Ballet: »Rund um Wien« von Josef Bayer. *– mit einer Novität:* dem Ballett »Die Perle von Iberien« von Josef Hellmesberger d. J., Premiere 7. April, zum erstenmal zusammen mit »Feuersnot« am 19. April 1902. Am 20. April schrieb Strauss an seine Eltern: »Von Mahler erhielt ich heute die hocherfreuliche Nachricht, daß mit einem neuen zugkräftigen Ballett zusammen die fünfte Aufführung von ›Feuersnot‹ gestern sehr gut ausgefallen ist und er das Werk nunmehr zu halten hofft.« (RST Eltern, S. 257) Mahlers Nachricht an Strauss ist nicht erhalten.

Der Director
   des
k. k. Hof-Operntheaters

An Lessmann geht morgen das Altsolo ab. Ich habe es allerdings schon vor einigen Wochen an Müller-Reuter zur
Beförderung an die Sängerin abgesandt!
Lieber Freund!
Ich habe Ihnen auf Ihr letztes liebes Schreiben nicht geantwortet, weil ich erst eine Antwort von Müller-Reuter ab-
warten wollte, auf einen Brief, in welchem ich ein Pro-
benprogramm aufgestellt habe, welches ungefähr mit
dem Ihrigen stimmt bis auf einige Kleinigkeiten.
Ich wiederhole:
<u>In Köln:</u>
1) 3. Juni Vormittag u. Nachmittag je eine Probe mit
   dem <u>vollen</u> Orchester
2) 4. Juni – <u>dto</u> (Vor- und Nachmittag je eine Probe)
   hierauf in <u>Crefeld</u>
3) <u>Freitag</u> Vormittag und zwar ab <u>9</u> Uhr, damit ich mit
   frischen unermüdeten Kräften arbeiten kann <u>3</u> Stunden.
4) Sonntag den <u>ganzen Vormittag</u> (4 Stunden)
   und endlich
5) Montag eine Generalprobe von 2 Stunden.
<u>Darauf muß</u> ich bestehen.
Wenn Sie von Ihrer Erfahrung in Berlin gelegentlich der
<u>IV</u> sprechen, so vergessen Sie, daß dieses Werk ¾ Stun-
den dauert und <u>leicht</u> ist; während meine III <u>2</u> Stunden
dauert und <u>schwer</u> und ungewöhnlich ist. – Ferner ist

dieß die <u>Erstaufführung</u> und hängt für meine nächste Zukunft alles davon ab! Ich versichere, es liegt mir gar Nichts daran, zu warten! Doch <u>unerträglich</u> ist es mir, mein Werk ohne genügende Vorbereitung in der Welt einzuführen und den Schwierigkeiten und Hindernißen meiner ohnehin so herben und schwer verständlichen Intentionen noch eine unklare und mangelhafte Ausführung zuzugesellen. Glauben Sie mir: für dieses Werk <u>muß</u> ich eine tadellose Aufführung haben. Sonst fügen Sie mir einen schweren Schaden zu, anstatt mich zu fördern und meinen Weg zu ebnen, wie Sie gewiß beabsichtigen. Also: diese Proben <u>müssen</u> Sie mir ermöglichen und ich kann mir Nichts davon nehmen lassen. So leid es mir sonst thäte: ich könnte nicht mitthun. Was den Kostenpunkt betrifft, so ist es mir dießmal freilich sehr willkommen, daß Sie so lieb für mich sorgen wollen. Jedoch bin ich immer zu Opfern bereit, falls dieselben von mir gefordert werden müssen, und ich weiß, daß Sie mir darin nicht mehr zumuthen werden, als unbedingt nöthig ist. Aber ich sage dieß hier nochmals zu Ihrer Richtschnur, falls Sie in der Sonntagssitzung auf Schwierigkeiten stoßen sollten. Über die <u>Qualität</u> des Orchesters bin ich allerdings nach Ihrer letzten Mittheilung in nicht geringer Sorge! Das Crefelder Orchester von 30 Mann auf <u>100</u> verstärken? Von wo? Und wie? ein zusammengewürfeltes und nicht vollwerthiges Personal kann mein Werk nicht zusammen bringen; das weiß ich! Sehen Sie sich nur einmal die Partitur daraufhin an! Jedenfalls: der I. Posaunist muß hervorragend sein und einen colossalen Ton und mächtigen Athem haben! Wäre hiefür nicht Ihr erster Posaunist in Berlin, der mir sehr gerühmt wurde am besten zu nehmen?
Nun Alles in Ihre Hand, lieber Freund und beruhigen Sie

mich, so wie Sie am Sonntag etwas beschlossen haben, über mein Schicksal!

Über Feuersnoth habe ich mich riesig gefreut. Ich lasse nicht mehr locker. Die nächste Aufführung (die 9.) ist Freitag, den 23. d. M.! – Im Herbste müssen Sie es einmal hier dirigiren.

Mit herzlichsten Grüßen

Ihr Mahler

Datierung: Anfang Mai 1902.

Lessmann: Otto L. (1844–1918), Musikkritiker und Komponist, Funktionär im Allgemeinen Deutschen Musikverein. – *Altsolo:* 4. Satz von Mahlers III. Symphonie, die am 9. Juni 1902 bei der Tonkünstler-Versammlung in Krefeld uraufgeführt wurde. – *Müller-Reuter:* Theodor M.-R. (1858–1919), Dirigent der Konzertgesellschaft in Krefeld von 1893 bis 1918. – *Die nächste Aufführung:* »Feuersnot« wurde im Mai nur einmal aufgeführt, und zwar am 7.

St 12

Herrn Direktor Gustav Mahler aus Wien
z. Z. Meiernigg (am Wörther See) Kärnten

21. Juli [1902] Marquartstein, Oberbaiern
Lieber Freund!

Da Sie einen Hornisten brauchen: – mein Vater, bei dem ich eben zu Besuch bin, empfiehlt einen Spieler: Max Müller, I. Hornist an der Curkapelle in Bad Reichenhall.

Ich habe Herrn Müller geschrieben: er solle sich nun direkt bei Ihnen bewerben; vielleicht lassen Sie sich den

jungen Mann nach Wien kommen u. von ihm was vor-
blasen!

Wie gehts sonst? Vergnügt u. fleißig? Wie lange dauert
»Das klagende Lied«? Ist es für den Chor sehr schwer? Ich
möchte es diesen Winter in Berlin machen! Wie gehts der
lieben Gattin?

Herzliche Grüße Ihnen Beiden

Ihr altergebener R. Strauss.

Quelle: Autograph (Postkarte) im Haus-, Hof- und Staatsarchiv,
Wien, Hof-Operntheater, Zl. 515/1902.

Marquartstein: In diesem Ort befand sich ein Landsitz der Familie de
Ahna, auf dem Strauss die Ferien verbrachte. – *mein Vater:* Franz Jo-
seph Strauss (1822–1905), vormals erster Waldhornist im Münchener
Hoforchester.

M 45

Der Director
  des
k. k. Hof-Operntheaters

Lieber Freund!

Mein Vertrag mit meinem gegenwärtigen Verleger ist so
verwuzelt (ich wenigstens kenne mich nicht aus) daß ich
nicht weiß, ob ich berechtigt bin der <u>Genossenschaft</u>
deutscher Komponisten beizutreten. Ich habe mich nämlich verpflichtet der <u>hiesigen Autorengesellschaft</u> beizutreten. (Ich wäre damals, um gedruckt zu werden meinetwegen auch einer Gesellschaft zur Erhaltung des Fegefeu-

ers beigetreten.) Soll ich Ihnen meinen Vertrag zur Ansicht einsenden? Und könnten Sie, oder Ihre Fachleute
vielleicht daraus das Nöthige ersehen? – Im Falle es geht,
bin ich mit Vergnügen bereit, Ihrem Vereine anzugehö-
ren, und selbstverständlich auch als »Beirat« zu fungiren.
– Wäre es nicht am Besten, wir besprechen Alles gelegentlich Ihres <u>Hierseins</u> und Sie behalten mir bis dahin
das Recht der Mitgliedschaft vor? – Übrigens bittet Sie
meine Frau sowol zu Tisch (nachher ein Schlaferl in
einem ruhigen Zimmer) als auch nach dem Concert bei
uns zu sein. <u>Ganz allein</u> und ungestört.

Herzlichst Ihr

Mahler

Datierung: Ende Januar/Anfang Februar 1903. Die Postkarte St 13 ist
wohl als unmittelbare Antwort auf die hier ausgesprochene Einladung anzusehen.

Genossenschaft: Die Genossenschaft deutscher Tonsetzer, an deren
Gründung Strauss maßgeblich beteiligt war, erlangte im Jahre 1903
Rechtsfähigkeit. – *der hiesigen Autorengesellschaft:* Gesellschaft der
Autoren, Componisten und Musikverleger in Wien. Mahler wurde
am 11. November 1897 aufgenommen und schied mit 31. Dezember
1903 auf Betreiben von Strauss wieder aus, um der Genossenschaft
deutscher Tonsetzer beizutreten.

St 13

5. Februar 1903

[...] Ich komme am 4. März 1 ^{10} erst in Wien an. Wenn
Ihnen ½ 3 Uhr als Mittagsstunde paßt, komme ich mit
größtem Vergnügen. Vielleicht wär's aber, da ich Nach-

mittag eine kleine Sitzprobe machen muß, besser Abends nach dem Concert! [...] Lebt die Feuersnot noch? [...]

Quelle: Autographen-Auktionskatalog Nr. 606 (1975) von J. A. Stargardt, Marburg, BRD. Die Postkarte ist laut Katalog an Alma Mahler gerichtet.
Concert: Strauss dirigierte am 4. März 1903 in Wien ein Konzert des Berliner Tonkünstler-Orchesters.

St 14

Berlin, 27. 11. 1904

Lieber Freund!

Soeben erst von der Reise zurück, sage ich Ihnen und dem Vorstand der Vereinigung schönsten Dank für die liebenswürdige Depesche und Ihnen ganz speciellen Dank für die wundervolle Aufführung, die Sie dem Werk bereitet haben. So undankbar eine solche Aufgabe für das Strohfeuer einer »Wiener Begeisterung« ist, so wenig soll Ihnen doch, was Sie gaben, von mir selbst vergessen sein. Ihnen und Ihrer lieben Frau herzlichste Grüße

Ihr getreuer

Dr. Richard Strauss

Quelle: Abschrift Alma Mahler.
Vorstand der Vereinigung: »Vereinigung schaffender Tonkünstler in Wien«, gegründet 1904, deren Ehrenpräsident Gustav Mahler war. – *dem Werk:* Sinfonia domestica, op. 53, von Strauss, Uraufführung am 21. März 1904 unter Strauss in New York; Wiener Erstaufführung im Ersten Orchester-Konzert der »Vereinigung schaffender Tonkünstler« am 23. November 1904 unter Mahler.

15. Februar 1905

Lieber Freund!

Erfahre soeben durch Frau Hermann Wolff, daß wir Sonntag die Freude haben werden, Sie zur Erstaufführung Ihrer 5. persönlich hier zu begrüßen.

Das ist ja famos!

Da Sie (leider!) nicht selbst dirigieren, machen Sie mir doch sicher das Vergnügen,

Montag, den 20. Mittags 1 ½ Uhr

mit Ihrer lieben Frau bei uns gemütlich zu speisen, worauf sich sehr freut meine gleich mir Sie herzlich grüßende Frau

und Ihr altergebener

Richard Strauss

Bitte ein paar zusagende Zeilen nach Berlin W 15, Joachimsthalerstr. 17

Quelle: Abschrift Alma Mahler; Postkarte.
Frau Hermann Wolff: Louise (Aloysia) W. (1855–1935), die nach dem Tod ihres Gatten das Konzertbüro Hermann Wolff führte. – *persönlich:* Mahler fuhr damals nicht nach Berlin. – *nicht selbst dirigieren:* Arthur Nikisch (1855–1922) dirigierte Mahlers V. Symphonie im Philharmonischen Konzert vom 20. Februar 1905.

Berlin, 5. März 1905

Lieber Freund!

Herzlichen Dank für Ihren reizenden Brief und all Ihr freundliches Entgegenkommen: Bitte teilen Sie also unserm Schriftführer & H. Rösch möglichst bald Ihr genaues Programm nebst den dazu gehörigen Sängern und Beifügung der Gesangstexte für's Programm mit. Auch Stimmlage Ihrer Solisten soweit mir dieselben nicht bekannt sind; wir wären natürlich sehr erfreut, wenn wir dieselben auch für's andere Programm ganz oder teilweise verwenden könnten. Wir brauchen für's Requiem von Josef Reiter und Te Deum von Bruckner das übliche Oratoriumsquartett; für das einstündige Chorwerk von Otto Naumann eine sehr stimmbegabte dramatische Sängerin (Mezzosopran) und für's übrige Programm einen sehr guten Bariton. Festdirigent ist Ferdinand Löwe, der sich über alle Instrumentalisten, die er Dank Ihrer Güte aus der Hofkapelle entnehmen darf, direct mit Ihnen ins Einvernehmen setzen wird.

Feuersnot dirigiere ich mit Vergnügen selbst, am 27.

Der Brief an Ihre hohe Intendanz wird gleichfalls baldigst abgehen.

Ihre 5. Symphonie hat mir neulich in der Generalprobe wieder große Freude bereitet, die mir nur durch das kleine Adagietto etwas getrübt wurde. Daß dasselbe beim Publikum am Meisten gefallen hat, geschieht Ihnen dafür auch ganz recht.

Die beiden ersten Sätze besonders sind sehr großartig; das geniale Scherzo wirkte nur etwas zu lang; wie viel da die etwas ungenügende Ausführung Schuld trägt, entzog

sich meiner Beurteilung. Ihr Werk hatte in der Generalprobe einen ungetrübt großen Erfolg. Das Abendpubli-
kum dagegen hat sich, wie mir berichtet wurde, etwas
denkfauler gezeigt, was Ihnen u. mir nichts Neues sein
dürfte. Nikisch hat sich für das Werk sehr feurig ins Zeug
gelegt und seine Sache, soweit ihm deutsche Musik
uberhaupt »liegt«, nach meiner Meinung recht gut gemacht.
Geben Sie mir also, bitte, baldige Nachricht über die Art
und Begabung der Solisten für Ihre Gesänge etc. und sei-
en Sie sowohl Ihre liebe Frau herzlich gegrüßt

von Ihrem stets aufrichtig ergebenen

Richard Strauss

Meine Frau grüßt schönstens.

Quelle: Abschrift Alma Mahler.
für Ihren reizenden Brief: bisher nicht bekanntgeworden. – *H. Rösch:*
Friedrich R. (1862–1925), Musiker und Jurist, im Allgemeinen Deutschen Musikverein und in der Genossenschaft deutscher Tonsetzer
tätig. – *Ihr genaues Programm:* für die Tonkünstler-Versammlung in
Graz, 31. Mai bis 4. Juni 1905. – *Josef Reiter:* (1862–1939), österreichi-
scher Komponist. – *Otto Naumann:* (1871–1932), deutscher Komponist. – *Ferdinand Löwe:* (1865–1925), Kapellmeister. – *Hofkapelle:* Gemeint ist das Hofopern-Orchester.

Der Director
　des
k. k. Hof-Operntheaters

Lieber Freund!
Ich studire und besetze die Feuersnoth <u>neu</u>
　　Diemuth – Frl. Förstel
　　Kunrad – Hr. Weidemann. Beides prachtvolle Stimmen und sehr eigenartige, temperamentvolle Darsteller. – Ich hoffe, daß Ihnen die Aufführung Freude bereiten wird. Da ich nun meine Dispositionen zu treffen habe (<u>vor meiner</u> Abreise nach Strassburg muß Alles fertig sein), so bitte ich mir nun definitiv anzuzeigen, ob ich das Werk auf den <u>5.</u> [gestrichen: Mai] <u>Juni</u> oder wie ursprünglich bestimmt war, 27. Mai
ansetzen soll, und <u>wann</u> Sie die Generalprobe halten können. – Da ich schon seit Wochen nichts mehr erfahren habe, so weiß ich nicht, wie ich dran bin. Die Sänger für meine Lieder sind <u>Weidemann</u>, <u>Moser</u> (Baritone) und <u>Sembach</u> Tenor.

　　　　　　　Herzlichst und in aller Eile
　　　　　　　　　　　　　Ihr Mahler

Datierung: vermutlich Ende April 1905. Strauss schrieb am 28. April an Max von Schillings: »Mahler hat als Solisten die Baritone: Weidemann u. Moser u. den Tenor: Sembach . . .«
Feuersnoth neu: Das Wiener Hof-Operntheater bot den Teilnehmern am Grazer Tonkünstler-Fest auf ihrer Rückreise drei Vorstellungen, darunter »Feuersnot«. – *Frl. Förstel:* Gertrude F. (1880–1950). – *Hr. Weidemann:* Friedrich W. (1871–1919). – *nach Strassburg:* zum Elsässi-

schen Musikfest, 20.–22. Mai 1905, an dem Strauss und Mahler als Dirigenten eigener Werke teilnahmen (siehe auch S. 182 f.). – *Moser:* Anton M. (1872–1909). – *Sembach:* Johannes S. (1881–1944).

St 17

Berlin W. 15, den 5. Mai 1905

Lieber Freund!

Zwei Hiobsposten auf einmal muß ich Ihnen heute schikken; da ich am 5. Juni hier zur Kronprinzenvermählung die Festwiese dirigieren muß (als ob Wagner dieselbe nur für derlei Gelegenheiten componiert hätte!), muß ich am 4. Juni schon von Graz abreisen.

Dadurch kann ich erstens nicht die Feuersnot in Wien am 5. dirigieren und bitte <u>Sie selbst</u> herzlich darum, dies für mich zu tun; zweitens nicht das Heldenleben am 4. in Graz, welches deshalb auf den 2. Juni verlegt und am 4. durch Liszt's Ideale als Eröffnungsnummer des letzten (Ihrigen) Concertes ersetzt werden muß. Hiermit komme ich auf den Hauptpunkt dieses Schreibens: schon des öfteren haben die Grazer Herrn mir mitgeteilt, daß Sie für Ihre Gesänge, die 1 ¼ Stunden währen, ein eigenes Concert in Graz wünschten. Ich habe dies für einen etwas übertriebenen Festeifer der Grazer Operncomponisten gegenüber dem Direktor der Wiener Hofoper bisher gehalten und umsoweniger davon Notiz genommen, als Sie selbst mir gegenüber nie einen derartigen Wunsch geäußert, sogar im Gegenteil s. Z. gebeten haben, von der Aufführung Ihrer 5. Symphonie in Graz abzusehen, damit Sie eher das Fest ausreichend unterstützen könnten, ohne Ihrer obersten Behörde gegenüber in Verdacht eigennütziger Bestrebungen zu kommen. Dies würde, wenn ich Ihnen jetzt für eine Reihe von Gesängen von ¾ Stunden Dauer ein eigenes Concert einräume, noch mehr der Fall sein. Da ich nun von einer Reihe unaufgeführter und mit Recht unaufgeführter Kunstgenossen schon vor 2 Jahren der einseitigen Bevorzugung Mahlerscher Compositionen beschuldigt worden bin, möchte ich umsomehr auch nur den Schein einer Parteinahme vermeiden, da ich als Vorsitzender doch eigentlich Pflichten gegen die Gesammtheit der Mitglieder habe und da – was die Hauptsache – die von Ihnen gewünschte Sonderstellung diesmal wie mir scheint, keine künstlerische Notwendigkeit ist. Was haben Sie gegen ein Programm, wie dies letzte ist, jetzt einzuwenden?

1. Die Ideale von Liszt (20 Minuten[)], nur zum Anwärmen des Publikums als Einleitung, dann
2. ¾ Stunden Mahlergesänge
3. Kaisermarsch als Abschluß.

Ein schöneres und für Sie günstigeres Programm kann ich mir doch gar nicht denken! Ihre Gesänge sind der Clou des Programmes, den Rahmen besorgen die 2 alten Herren!

Ich hoffe, daß Sie einverstanden sind. Sie wissen, ich bin Ihnen jeder Zeit gern gefällig, aber den Wunsch nach eigener Matinee könnte ich Ihnen diesmal wirklich nicht erfüllen, denn am 4. Juni Vormittag soll 2. Kammermusik sein, 3. Juni Vormittag wird durch die Generalversammlung reichlich ausgefüllt. Eine Verlängerung des Festes um einen Tag ist absolut unzulässig.

Auf Wiedersehen in Strassburg, wo wir noch Details besprechen können. Es bleibt doch dabei, daß wir 24 Solisten der Wiener Hofkapelle als Orchesterunterstützung fürs ganze Grazer Fest, besonders für Heldenleben am 2. Juni bekommen?

An Ihre Sänger Gutheil, Kittel, Weidemann, Preuss habe ich persönlich Einladungen geschrieben.

Bitte, schicken Sie umgehend Ihre Gesangstexte sowol nach Graz zur Censur wie an uns zum Abdruck ins Programmbuch, das hier baldigst angefertigt werden muß.

Schönsten Gruß

Ihr altergebener Dr. Richard Strauss

Quelle: Abschrift Alma Mahler.
Gutheil: Marie G.-Schoder (1874–1935). – *Kittel:* Hermine K. (1876–1948), Alt. – *Preuss:* Arthur P. (1878–1944), Tenor.

M 47

Der Director
des
k. k. Hof-Operntheaters

Mein Programm würde ungefähr eine halbe Stunde dauern.

Lieber Freund!

Nicht eine »künstlerische Sonderstellung« wünsche ich! Das wäre ein großes Misverständniß Ihrerseits. Nur einen <u>kleinen Saal</u> für meine im <u>Kammermusikton</u> gehaltenen Gesänge. – Und da ich eben für so was nicht einen <u>Abend</u> wegnehmen will, so schlage ich eine Matiné vor. Auch scheint es mir im Interesse <u>des Ganzen</u> nicht würdig, als <u>Abschluß</u> des <u>Festes</u> ein paar Liederln zu geben. Bitte, überlegen Sie das also noch einmal! »Bevorzugung« Mahlers? Sollte eine künstlerische Vereinigung wirklich demokratische Principien haben? Oder aber sollten die Herren Ihr Eintreten für mich als Kameraderie ansehen? Beide Annahmen widerstreben mir! Außerdem wissen Sie doch selbst am besten, daß ich mich nicht herandränge, und auch wirklich nicht eitel bin. – Ich habe hier diese Lieder (trotz allen Drängens aus »geschäftlichen« Gründen) aus künstlerischen Gründen nur im kleinen Saale gemacht, und sie haben nur dahin gepaßt. Sie in einem großen Saal als Abschluß eines Festes zu bringen ist entschieden geschmacklos und wird uns Beide eben erst jenen Vorwürfen aussetzen! Im Übrigen (da ich durchaus keine Verlegenheit bereiten will, denn glauben Sie mir es, ich möchte sehr gerne ganz zurücktreten) füge ich mich Ihren Beschlüßen, bitte Sie aber meine Gründe in reifliche Erwägung zu ziehen. – Ihre Bitte um Vertraulichkeit muß ich doch nicht dahin verstehen, daß ich auch von Ihren Mittheilungen bezüglich der Programmänderung keinen Gebrauch machen darf? Ich muß doch sofort die nöthigen Vorkehrungen treffen. – Und hier ist die 2. Schwierigkeit. Wenn Sie am 5. Feuersnoth hier nicht dirigiren sondern ich, so kann ich doch unmöglich am 4. in Graz sein! Sie wissen, wie schwer Ihr Werk ist, wenn man nicht die Noten untereinanderschmeißen will (was die Musikschriftsteller »großen Zug« nennen!) Die Hauptrollen sind neu besetzt! Ich werde Alles thun, um das Werk bei Zeiten fertig zu stellen. Ob ich aber die Generalprobe so zeitig herausbringen kann, daß ich am 2. 3. u. 4. Mai in Graz bleiben darf, weiß ich jetzt nicht. – Wenn ich am 4. Mai die Matiné habe, so kann ich nächsten Morgen hier eine Generalprobe mit Weidemann (der dort meine Lieder singt) halten und mit nunmehriger kleiner Veränderung des Programms (am 5. Elisabeth) am 6. Feuersnoth dirigiren! Also bitte, laßen Sie mich nun wissen, was Sie meinen und thun können. – Meinerseits erkläre ich mich mit Allem einverstanden.

Ich rechne bestimmt darauf, daß Sie nunmehr die neueinstudirte Feuersnoth einmal persönlich hier dirigiren, was für Propagirung und »Durchsetzen« beim Theaterpublikum sehr förderlich wäre.

Herzlichst grüßend und in Erwartung eines fröhlichen Wiedersehens

Ihr Mahler

N. B.

Allerdings hätte ich gewünscht, in Graz ganz frei zu sein, um mich den Wiener Aufgaben umfassender widmen zu können und auch, wie Sie erwähnen, um nicht als eigennützig zu erscheinen. – Da aber Schillings meinte darauf bestehen zu müssen, daß etwas von mir in Graz gemacht würde, so schlug ich die Lieder vor, da ihre Vorbereitung weniger Mühe macht, die Gabe auch bescheidener ist.

Aber, da sie gemacht werden, so müssen sie auch stylgemäß ausgeführt werden. Also nur in kleinem Raum!

Daß ich in einem großen Festconcert eine bessere Figur machen würde, ist doch klar. Es kann also doch nicht decorative Vorliebe von mir sein, eine Matiné im kleinen Saal vorzuziehen. –

Ihre Wünsche bezüglich 24 Philharmonikern werden von meiner Seite keiner Schwierigkeit begegnen. – Dagegen scheint das Comité (ich glaube aus Geldrücksichten) nur eine kleinere Anzahl zu engagiren wollen.

Datierung: zwischen 6. und 8. Mai 1905, unmittelbar auf St 17.
Ich habe hier: Die »Vereinigung schaffender Tonkünstler in Wien« hatte am 29. Januar 1905 einen Mahler-Abend im kleinen Musikvereinssaal veranstaltet, bei dem die »Kindertotenlieder« und vier weitere Rückert-Lieder uraufgeführt wurden. – *in einem großen Saal:* in der

Grazer Industriehalle. – *2. 3. u. 4. Mai:* ein Schreibfehler, gemeint sind die Tage im Juni. – *(am 5. Elisabeth):* Franz Liszts »Legende von der heiligen Elisabeth«.

M 48

Der Director
  des
k. k. Hof-Operntheaters

Lieber Freund!
Wie Ihnen <u>Löwe</u> schon geschrieben haben wird, haben die Herren einen Ausweg gefunden. Da das I. Concert am 1. Juni im <u>Stephaniesaale</u> (dem Raume, der für meine Sachen paßt) stattfindet, so konnte durch eine Schiebung für mich der Platz geschaffen werden. Ich hoffe, daß nun die Sache geordnet ist. – Mir selbst ist es wegen <u>Weidemann</u> eigentlich auch sehr angenehm, da er sich nach dem 1. Mai ordentlich ausruhen kann, und ich in aller Ruhe 2 ordentliche Orchesterproben für die Feuersnoth herausbringe. Weidemann ist ein großartiger Kerl und ganz der geeignete Künstler, Ihr Werk nun zur Geltung zu bringen, und dadurch hoffentlich auf dem Repertoir zu erhalten. –
Wenn ich Ihre Zusage habe, schicke ich dann die Texte an Lessmann.
Mit herzlichsten Grüßen und aller Eile Ihr sehr ergebener
                             Mahler
Eben bekomme ich Ihr Telegramm! Meine Gesänge dauern 1½ Stunden und füllen mit 2 anderen Nummern das 1. Conzert. <u>Weidemann</u>, <u>Moser</u> u. <u>Sembach</u> sind die Sänger.

Datierung: um den 10. Mai 1905.
1. Mai: ein Schreibfehler, gemeint ist der 1. Juni. – *Meine Gesänge:*
Aufgeführt wurden am 1. Juni 1905 in Graz dreizehn Gesänge von
Mahler: sechs Lieder aus »Des Knaben Wunderhorn«, die »Kindertotenlieder« und zwei weitere Rückert-Lieder. Die Sänger waren Friedrich Weidemann, Anton Moser, Johannes Sembach, Fritz Schrödter
(1855–1924), Tenor, und Erik Schmedes (1868–1931), Tenor.

St 18

Marquartstein, Oberbaiern 18. August 1905
Lieber Freund!
Haben Sie wirklich die in beiliegender Notiz des »Tag«
gemeldete Absicht? Dann möchte ich Ihnen wenigstens
mitteilen, daß von der Verlagsfirma Fürstner bis 1. September Klavierauszüge und Correcturbogen fertig gestellt werden, aus denen mit dem Studium der Hauptpartien begonnen werden kann. Schuch fängt bereits am
1. September an und gedenkt das Werk so etwa Ende
November herauszubringen. Das Orchestermaterial wird
menschlicher Berechnung nach bis 1. Nov. fertig sein.
Wenn Sie also umgehend mit Fürstner (der Ihnen sonst
kein Material liefert) Vertrag machen, können Sie nach
Gutdünken auch Anfang September mit dem Studium
der Hauptpartien, das wohl 2 bis 3 Wochen in Anspruch
nehmen dürfte, beginnen. Für Herodes, Herodias u. Jochanaan sind wohl Schmedes, Mildenburg u. Weidemann gegeben. Narraboth – Slezak. Wie stehts nun mit
Salome? Für Dresden habe ich mich doch schließlich für
Frau Wittich (des Styls u. der Wucht der Stimme wegen)
entschlossen. Meinen Sie nicht, daß für Wien Frl. Kurz

geeignet wäre? Es wird mir von vielen Seiten berichtet, daß sie Ihre schönste Stimme sei. Hübsch ist sie ja. Hat sie Darstellungstalent?

Von Ihren Liedern in Graz wurde mir von vielen Freunden (Rösch) mit großer Begeisterung berichtet. Auch Ihre Feuersnot soll herrlich gewesen sein; vielen Dank noch nachträglich.

Schmedes hat in Köln einen sehr anständigen Tristan gesungen. Dagegen war ich von Mildenburgs Isolde (außer im ersten Akte, wo sie große Momente hatte) stark enttäuscht. Stimme, Intonation und Vortrag im 2. u. 3. Akt ließen fast Alles zu wünschen übrig. Kittel war stimmlich vortrefflich, auch Meyer sehr tüchtig.

Wie gehts sonst? Ist die 7. schon fertig?

Ich bleibe bis 1. October hier und hoffe bald Gutes von Ihnen zu hören.

Mit herzlichsten Grüßen für Sie und Ihre liebe Frau auch von der Meinigen (wem verdankt dieselbe die liebenswürdige Zusendung der schönen Seife, schönsten Dank dafür!)

Ihr treu ergebener

Dr. Richard Strauss

Bitte, bei Bestellung der Dekoration darauf zu achten, daß dieselbe möglichst kurz und der Akustik günstig ist.

Massen brauchen nicht entfaltet zu werden, die über den Boden herausragende Cisterne Jochanaans ist so einzurichten, daß der Sänger durch ein mit Gaze cachiertes Loch, für das Publikum unsichtbar, direct heraussingen und den Dirigenten sehen kann.

Quelle: Abschrift Alma Mahler.
Klavierauszüge: für »Salome«. – *Mildenburg:* Anna von M. (1872–1947), hochdramatische Sängerin, seit 1898 an der Wiener

Oper. – *Slezak:* Leo S. (1873–1946), Tenor. – *Frau Wittich:* Marie W. (1868–1931), hochdramatische Sängerin. – *von vielen Freunden . . . berichtet:* Strauss hatte die Tonkünstlerversammlung in Graz vorzeitig verlassen, weil sein Vater gestorben war. – *Meyer:* vermutlich Richard Mayr (1877–1935), Baß, seit 1902 an der Wiener Oper. – *die 7.:* Mahler komponierte im Sommer 1905 seine VII. Symphonie.

M 49

Maiernigg, 19. Aug. 1905

Lieber Freund!

Die Notiz ist offenbar nur so aus den Fingern gezuzelt. – Der Termin der Première kann noch unmöglich bestimmt werden. – So viel ist nur sicher daß, wenn ich Ihre Oper nicht am 4. Oktober herausbringen, sie wahrscheinlich erst im Jänner gegeben werden kann. (Der Dezember ist ausgeschlossen, weil für eine so wichtige Novität zu unvortheilhaft und im November muß Don Juan (und Figaro im Dezember) neu heraus wegen des Mozart-Jubiläums.[)]

So wie ich nach Wien komme, schreibe ich an Fürstner. – Wegen der Censur spukt's schon wieder.

Ich bitte jedenfalls um baldmöglichste Einsendung des Textes (resp. der endgültigen Fassung des Wildeschen Stückes) damit ich es bei Zeiten der Censur unterbreiten und eventuell noch rechtzeitig zu raufen anfangen kann. Auch würde die Intendanz vor Passirung der Censur keinen Kreuzer bewilligen.

Mit dem Studium möchte ich unbedingt sofort anfangen; denn ich habe vor die Salome von 3 Sängerinnen studiren zu lassen, um eine Auswal und eventuell einen Ersatz zu

haben. – Die <u>Kurz</u> ist unmöglich. Eine wunderbare Stimme, aber darstellerisch selbst für die Lucia unmöglich. – Dagegen baue ich sehr auf eine junge schlanke Sängerin von colossaler Schlagkraft und nie versagender Höhe, mit der ich sofort zu studiren [an]fange (Frl. <u>Bland</u>.) Die andere Besetzung stimmt sehr gut mit meinen Plänen.
<u>Schmedes, Mildenburg</u> und <u>Weidemann</u> (vielleicht Demuth).
Narraboth muß ich mir noch überlegen – keineswegs aber Slezak, der sich keine Mühe giebt, sehr schlampig unrhythmisch singt, und bei der 3. Vorstellung bereits umschmeißt. Der muß auch bei Troubadour und Arnold bleiben.
Meine 7. ist fertig. – Wie haben Sie sich im heurigen Sommer zurechtgefunden. Konnten Sie neben Salome noch zu was kommen? – Ihre Feuersnoth war famos, aber der Glanzpunkt (Weidemann) hat leider gefehlt. – Dagegen die <u>Diemuth</u> wundervoll.
Haben Sie herzlichsten Gruß und auch Ihre Frau von uns Beiden.
Ich reise eben nach Wien: O weh!

Ihr freundschaftlichst ergebener
Gustav Mahler

4. Oktober: Namenstag des Kaisers Franz Joseph, traditioneller Premierentermin. – *Mozart-Jubiläums:* Mozarts 150. Geburtstag im Jahre 1906. – *der Censur unterbreiten:* Am 20. September 1905 erhielt Mahler Bescheid, daß die Hoftheaterzensur sich »aus religiösen und sittlichen Gründen gegen die Zulassung des Textbuches der Oper ›Salome‹ ausgesprochen hat«. – *Frl. Bland:* Elsa B. (1880–1935), Sopran, 1905 Gastspiel an der Wiener Oper, 1906 Engagement.

K. K.
HOF–OPERNTHEATER

Hochwohlgeboren Herrn
Dr. Richard Strauss
Berlin

Euer Hochwohlgeboren!

Nach einer an die Direktion des k. k. Hofoperntheaters gelangten Verständigung hat sich die hierortige Censurbehörde aus »religiösen und sittlichen Gründen« gegen die Zulassung des Textbuches der Oper »Salome« ausgesprochen und »es ist sohin die General-Intendanz der k. k. Hoftheater nicht in der Lage, die Zustimmung zur Aufführung dieses Bühnenwerkes zu erteilen«.

Ich erlaube mir Sie von dieser Entscheidung in Kenntnis zu setzen, indem ich mein lebhaftes Bedauern ausspreche, bei dieser Sachlage von einer Aufführung Ihres Werkes leider absehen zu müssen.

Mit dem Ausdrucke meiner vorzüglichen Hochachtung bin ich

Ihr sehr ergebener
Mahler

Wien, am 22. September 1905

Quelle: Original (Kanzleibrief mit Mahlers eigenhändiger Unterschrift) im Haus-, Hof- und Staatsarchiv, Wien; Hof-Operntheater, Zl. 1019/1905. Mahler ließ diesen Brief nicht abschicken, er befindet sich noch in den Akten. Statt dessen sandte er, wie ein Telegrammkonzept vom selben Tag vermuten läßt, an Strauss folgendes Telegramm: »Bitte möglichst bald 2 oder 3 Clavierauszüge von Salome senden zu wollen, damit die Hauptpartien mit dem Studium beginnen können. In welchem Verlage erscheint das Werk? Grüße Mahler.« (Mahler scheint Strauss zu diesem Zeitpunkt mit Absicht nicht von der Ablehnung durch die Zensurbehörde informiert zu haben. Siehe St 19.)

St 19

Am 8. Oktober 1905 schrieb Rainer Simons, der Direktor des zweiten Wiener Opernhauses, »Kaiser Jubiläums-Stadttheater und Volksoper«, an Richard Strauss in Berlin den folgenden Brief:

Hochverehrter Herr Hofkapellmeister!
Wie ich soeben erfahre, wird Ihr Werk »Salome« die Hofopern-Censur nicht passiren. Würden Sie die Güte haben, mir mitzutheilen, ob Sie mir das Werk jetzt überlassen wollen.

> Mit vorzüglicher Hochachtung
> ganz ergebener Simons

Strauss schrieb unter diese Anfrage ein paar Zeilen und schickte das Ganze an Mahler:

Lieber Freund!
Ist dies richtig? Bitte diesen Brief zurück. Die Dresdner Premiere, woselbst das Werk keinerlei Censurschwierigkeiten zu überstehen hat, ist Ende November!

> Herzliche Grüße Ihr
> Rich. Strauss

Berlin, 10. Oktober 1905

Quelle: Original im Strauss-Archiv, Garmisch-Partenkirchen.
Die Dresdner Premiere: fand erst am 9. Dezember 1905 statt.

Wien, 11. Oktober 1905

Lieber Freund!

Es ist leider traurige Wahrheit. Ja, noch mehr: die Censur hat es bereits refusirt. Bis jetzt weiß es noch Nicmand; denn ich setze Himmel und Hölle in Bewegung, um diese Bêtise rückgängig zu machen. Bis jetzt habe ich noch nicht eruiren können, auf welchen Einfluß dieses Verbot zurückzuführen.

Dieser Brief kommt mir sehr gelegen! Salome ist zwar am Jubiläumstheater ganz unmöglich! – Aber mein Plan ist jetzt, diese Aufführung als möglich darzustellen. – Sie müssen mich gegebenenfalls darin unterstützen und sogar Scheinunterhandlungen führen. – Ich denke, mit dieser Pistole an der Brust, wird auch die hochweise Censur mit sich sprechen laßen. – Sie glauben gar nicht – welche Unannehmlichkeiten ich da schon habe durchmachen müssen – schon bei meiner Rückkunft aus Strassburg, wo ich mit Begeisterung von meinem Vorhaben sprach.

Nur deshalb habe ich die Salome für Jänner – eventuell Feber in Aussicht genommen. Ich wollte Ihnen diese Besorgniße ersparen, um Ihnen nicht die Freude an der Première zu verderben. Außerdem habe ich gehofft, und hoffe noch immer immer, daß eben der Umstand, daß ein so katholischer Hof, wie der Dresdner die Aufführung geschehen läßt, auch hier in's Gewicht fallen wird. – Also bitte – noch einige Zeit lang schweigen; dem Simon[s] schreiben, daß wenn Hofoper ablehnt die Aufführung am Jubiläumstheater in's Auge gefaßt werden wird. Den Brief bitte ich mir für einige Tage noch zu laßen. Ich hoffe, daß er mir eine (ganz unverhoffte) Waffe im ungleichen Kampf sein wird.

Und nun, lieber Strauss, – ich kann nicht umhin Ihnen von dem hinreißenden Eindruck zu sprechen, den mir Ihr Werk bei der neuerlichen Lesung macht! Das ist Ihr Höhepunkt bis jetzt! Ja, ich behaupte, daß sich nichts damit vergleichen [läßt], was sogar Sie bis jetzt gemacht haben. – Sie wissen – ich mache keine Redensarten. Ihnen gegenüber noch weniger, als gegen Andere. – Aber dießmal habe ich das Bedürfniß, Ihnen das zu sagen. Da sitzt jede Note! Was ich schon lange gewußt habe: Sie sind der berufene Dramatiker! Ich gestehe, daß Sie mir durch Ihre Musik das »Wilde«sche Werk erst verständlich gemacht haben. Ich hoffe bei der Première in Dresden dabei sein [zu] können. – Laßen Sie mich ein Wort wissen, ob Sie mit meinem Feldzugsplan einverstanden sind. Mein Wort darauf, daß ich kein Mittel unversucht laßen und nie erlahmen werde, mich für dieses unvergleichliche, durchaus originale Meisterwerk einzusetzen.

In aller Eile und herzlichst

Ihr Gustav Mahler

Dieser Brief: die von Strauss übersandte Anfrage von Rainer Simons. – *Strassburg:* siehe M 46. Strauss hatte Mahler in Strassburg »Salome« auf dem Klavier vorgespielt (siehe auch S. 184 f.).

M 52

Der Director
des
k. k. Hof–Operntheaters

Lieber Freund! Nur in aller Eile! Ich bin jetzt etwas hoff-
nungsvoller. Dieser Brief hat mir sehr <u>gute Dienste</u> geleistet. Ich hoffe Ihnen, in den allernächsten Tagen Bestimmtes mittheilen zu können. – Verzeihen Sie den de-
solaten Zustand des beigelegten Schreibens. Ich habe
denselben aus Versehen zerrissen, und mußte mir die
Stücke erst aus dem Papierkorb zusammenlesen.

Herzlichst und in Treue

Ihr Mahler

Datierung: Mitte Oktober 1905, bald nach M 51.
des beigelegten Schreibens: des Briefs von Rainer Simons an Strauss
(siehe St 19).

M 53

Der Director
des
k. k. Hof–Operntheaters

<u>Eiligst!</u>

Liebster Freund! Also endlich kann ich Ihnen <u>Erfreuliches</u>
berichten! Die <u>Schwierigkeiten</u> sind behoben! Ihre Salome ist gestattet! Ich komme eben vom Censor. Er wird

mir binnen 8 Tagen das Textbuch zurückstellen, in dem er alle jene Stellen anstreichen wird, die er im Ausdruck ein wenig modifizirt wünscht. Ich habe sein Versprechen, daß im Wesentlichen nichts geändert werden muß. –
Der Name Jochanaan ist leider beanständet. Er verlangt eine Änderung des Namens. Ich habe Bal Hanaan vorgeschlagen. Jedoch wünschen Sie es anders, bitte ich mir es umgehend anzuzeigen. – Wenn seine Bemerkungen in meinen Händen sind, so sende ich sie Ihnen (eventuell mit meinen Vorschlägen) ein, und dann geht es sofort an's Studium. Die Salome besetze ich 4fach (da ich kein Frauenzimmer habe, die sich mir vollständig mit der Vorstellung deckt, die ich von der Rolle habe) und Sie wählen dann diejenige, die Ihnen am meisten entspricht. Ich lege ein Hauptgewicht darauf, daß die Darstellerin stimmlich und gesanglich Ihren Ansprüchen genügt, und kann in Folge dessen die Schoder nicht vorschlagen. Was meinen Sie? Die andere Besetzung ist, wie wir bereits verabredet. Herzlichst grüßend und aufathmend

Ihr Mahler

Datierung: 22. oder 23. Oktober 1905.
die Schoder: Marie Gutheil-Sch., eine intellektuelle Sing-Schauspielerin, war in Mahlers Augen offenbar die ideale Besetzung. Strauss, der ihren Typus 1905 noch ablehnte, zählte später zu ihren Bewunderern. Sie sang bei der Wiener Premiere des »Rosenkavalier« (1911) den Octavian.

24. October 1905

Lieber Freund!

Haben Sie herzlichen Dank für die freudige Nachricht von gestern und vor Allem für Ihre aufopfernden Bemühungen, wie nicht minder für Ihren (und auch Ihrer lieben Frau) Trostesbrief von neulich. Die Anerkennung, die Sie meinem Werke zollen, Worte, wie man sie gerade von Collegen so selten zu hören bekommt und gerade eigentlich so nötig hätte, hat mich fast noch mehr beglückt als die Nachricht von der Zurücknahme der Aberkennung Ihrer hochweisen Censur. Ich bin natürlich mit allen Änderungen, die Sie wünschen, einverstanden: Die Namensänderung für Johannes, dessen halsbrecherische Geschichte jeder Schuljunge kennt, ist einfach himmlisch!

In Dresden muß die Erstaufführung, da sich die hohe Primadonna Wittich zu spät herabgelassen hat, sich mit ihrer Partitur auseinanderzusetzen, auf December verschoben werden. Ich habe Schuch gestern als letzten Termin, für den ich ihm die Uraufführung garantiere, den 9. December bestimmt. Wenn er bis dahin das Werk nicht herausbringen kann, mag ihm zuvorkommen, wer schneller fertig wird: Sie haben also freies Feld. Ich mache Sie darauf aufmerksam, daß ich am 13. December abends nach Warschau, Moskau, Petersburg fahre, von wo ich erst Anfang Jänner [?] zurückkomme.

Nun können Sie sich's nach Belieben einrichten. Wollen Sie Ihre Aufführung gleich auf die Dresdner folgen lassen, etwa am 12. December? Oder auf Januar verschieben?

Partitur ist fertig gestochen; die Orchesterstimmen sind bis etwa 10. November fix und fertig.

Celesta haben Sie ja; müssen Sie sich nur noch ein Hek-
kelphon anschaffen!
Haben Sie (und Ihre liebe Frau) nochmals viel herzlichen
Dank und empfangen Sie die wärmsten Grüße (auch von
meiner Frau)

Ihres aufrichtig ergebenen

Dr. Richard Strauss

Quelle: Abschrift Alma Mahler

M 54

Der Director
des
k. k. Hof-Operntheaters

Lieber Freund! Mein Bulletin lautet heute leider wieder
etwas grauer. Diese verfluchten Zeitungsschmierer (Gott
weiß von wem sie die Sache erfahren haben – ich habe
Niemandem etwas gesagt) haben die Geschichte wieder
total verdorben. Der Censor, der mir bereits die Aufführung sicher zugesagt – bloß <u>textliche</u> Änderungen gefordert hat, die er mir binnen 8 Tagen angeben wollte – muß
unterdessen wieder von irgend einer Seite bearbeitet worden sein; denn soeben schickt er mir den Text mit einer
langen Sauce zurück (Ich bringe Ihnen den Brief nach
Berlin mit, wo ich mich den <u>7. u. 8.</u> befinden werde) und
spricht wieder »von Darstellung von Vorgängen, die in
das Gebiet der Sexualpathologie gehören, und sich nicht
für unsere Hofbühne eignen«. – Also wieder der ver-

dammte Ausflug in's Allgemeine, gegen das es keine
Waffen giebt! Ich bitte, lieber Strauss – lassen Sie von nun
Alles unter uns bleiben, sonst verfahren wir den Karren.
Dienstag gehe ich wieder persönlich hin, und nehme den
Stier bei den Hörnern. Ich lasse nicht locker! und betrach-
te Ihre Salome als meine eigene persönliche Angelegen-
heit. Am meisten schadet mir hier jetzt die vermaledeite
Verschiebung in Dresden, welche hier an »maßgebender
Stelle« als Censurschwierigkeit dort gedeutet wird. Weiß
der Teufel, woher jetzt auf einmal wieder der Wind weht.
– Bitte, laßen Sie mich wissen, wo und wann ich Sie in
Berlin in den bezeichneten Tagen eingehend sprechen
kann. (am 7. Nachmittag – oder Abend ist die Generalprobe – am 8. Abend das Concert; sonst stehe ich durchaus zur Verfügung!).

Die herzlichsten Grüße von Ihrem ergebenen

Mahler

Datierung: 31. Oktober 1905.
»von Darstellung . . .«: wörtliches Zitat aus dem Schreiben des Zen-
sors vom 31. Oktober an Mahler. – *Am 8. Abend das Concert:* am
8. November 1905 dirigierte Oscar Fried in Berlin eine Aufführung
von Mahlers II. Symphonie.

St 21

Berlin, 1. November 1905

Lieber Freund!
Herzlichen Dank für Ihren lieben Brief; ich habe gestern
Schuch gesprochen: die Dresdner Première ist um 8 Tage
verschoben, vom 28. November auf 8. December, aus

dem einfachen Grunde, weil die Stimmen noch nicht fertig sind und nicht vor Mitte November nach Dresden abgeliefert werden können. – Schuch hat mir im Vertrauen mitgeteilt, daß der Wiener Censor Dr. Jellinek bei ihm angefragt habe, ob Salome in Dresden Censurschwierigkeiten zu bestehen hatte. Schuch hat geantwortet: nicht die geringsten und niemals. Ich hoffe, daß dies den Wiener Censor beruhigt hat.

Sie kommen also am 7. November? Ich bin hier und bitte einfach zu bestimmen, wann Sie mich sprechen wollen, wann Sie bei mir speisen wollen. Ich bin 7. und 8. November vollkommen frei. Mein Telephon ist: Amt Charlottenburg 1145.

Auf frohes Wiedersehen! Tausend Dank für Alles!

  Mit herzlichen Grüßen Ihr

         Dr. Richard Strauss

Quelle: Abschrift Alma Mahler.
8. December: Die Dresdener Premiere fand am 9. Dezember statt. *Censor Dr. Jellinek:* Gemeint ist vermutlich Hofrat Dr. Emil Jettel von Ettenach.

St 22

         Berlin, den 15. Dec. 1905

Lieber Freund!

Wo waren Sie am 9.? Ich habe Sie sehr vermißt.

Sie haben eine großartige Aufführung versäumt: Schuch und Burrian haben wirklich ganz Außerordentliches geleistet. Sie sollten sich die Dresdner Aufführung wirklich ansehen: Sie hätten Freude daran.

Die 3 ersten Aufführungen waren total ausverkauft: das Orchester unbeschreiblich schön.

Wie geht's nun in Wien? Ich erwarte mit Ungeduld günstigen Bescheid von Ihnen. Wer soll denn das scheußlich schwere Werk aufführen, wenn die Bühnen versagen, die's wirklich spielen können.

Mit herzlichsten Grüßen von Haus zu Haus

Ihr Dr. Richard Strauss

Quelle: Abschrift Alma Mahler.
am 9.: Tag der Uraufführung von »Salome« in Dresden. – *Burrian:* Karl B. (1870–1924) sang in Dresden den Herodes.

M 55

Der Director
des
k. k. Hof-Operntheaters

Lieber Freund! Ihr Brief kommt mir sehr gelegen! Ihre Sache steht gut! (Bitte ganz unter uns, sonst stehe ich für nichts.) Trotzdem brauche ich noch immer Succurs. – Der Censor ist bereits umgestimmt, und bereitet nicht das geringste Hinderniß. Aber höher hinauf ist noch eine Barriere zu nehmen. Komischerweise habe ich gerade gestern wieder gebohrt. Ihr Brief ist mir sehr lieb für meinen Zweck. Bitte, unterhandeln Sie ganz beiläufig noch weiter mit Simons.

Aber ich versichere Sie, im Herbst haben wir die Salome!

(Am Jubiläumstheater ist es übrigens ganz unmöglich.). –
Immer will ich nach Dresden zu einer Aufführung, und
immer kommt mir was dazwischen. Im Frühjahr werde
ich sicher einer Aufführung beiwohnen – es wäre sehr
hübsch, wenn Sie auch dort wären. Ich benachrichtige Sie
jedenfalls rechtzeitig.

Ihr herzlichst ergebener
Mahler.

Datierung: nicht eindeutig bestimmbar, jedenfalls im Winter 1905/06,
nach dem 9. Dezember.
höher hinauf: Das Verbot der »Salome« am Wiener Hof-Operntheater
soll von einer Erzherzogin erwirkt worden sein.

St 23

Telegramm

22. December 05
koennen sie mir für 2. auffuehrung feuersnot in muen-
chen 28. december eine diemut schicken? erbitte sofortige
drahtantwort mit honorarangabe strauss hotel 4 jahres-
zeiten.

Quelle: Abschrift im Strauss-Archiv, Garmisch-Partenkirchen.

> Der Director
> des
> k. k. Hof-Operntheaters

Lieber Freund!
Aus beifolgendem Telegramm ersehen Sie daß <u>Förstel</u> erst nach dem 7. Jänner zur Verfügung steht. Können Sie sie dann noch brauchen? – Sie ist entzückend. – Michalek stelle ich Ihnen selbstverständlich zur Verfügung und werde sofort dafür Sorge tragen, daß sie die Partie sofort wiederholt! Wann wollen Sie sie in München haben? Hinter Salome bin ich her so oft ich nur irgend einen Zipfel erwischen kann. <u>Ich bringe es durch</u>, verlassen Sie sich drauf. Aber Sie müssen Geduld haben. Wie die Situation ist, werde ich kaum vor <u>Herbst</u> 1906 dazu kommen. Es ist ein Elend hier. Mir thut es furchtbar leid, daß ich dieses herrliche Werk nicht <u>sofort</u> geben kann. Sie werden aber hier Ihre Freude daran haben.

Tausend Grüße von Ihrem

Mahler

Datierung: 22. oder 23. Dezember 1905, unmittelbar nach St 23.
Förstel: Gertrude F. sang die Diemuth in »Feuersnot« bei der Neueinstudierung im Juni 1905. – *Michalek:* Margarete M. (1875–?) sang die Diemuth bei der Wiener Erstaufführung Januar 1902. Weder Förstel noch M. konnten in München einspringen, denn Strauss telegraphierte am 23. Dezember, daß er Ersatz aus Dresden bekommen habe.

Der Director
des
k. k. Hof-Operntheaters

Lieber Freund!
Das Breslauer Unternehmen darf ich und möchte es nicht verhindern. Unter Umständen wäre dieß vielleicht das beste Mittel meine Widersacher in dieser Angelegenheit zur Raison zu bringen. – Sie glauben gar nicht, welchen Ärger ich bereits in dieser Sache gehabt habe und (unter uns gesagt) welche Consequenzen unter Umständen für mich daraus entstehen werden.
Denn – darauf gebe ich Ihnen mein Wort – ich lasse nicht locker, und wenn daraus auch eine »Cabinetsfrage« entstehen sollte. Wenn die Breslauer also den Muth haben, dann in Gottes Namen! Für diesen Fall stelle ich mich Hr. Löwe ganz zur Verfügung – wenn er unsere <u>Musiker</u> oder sonst etwas braucht, und ebenso würde <u>Roller</u> für die Inscenirung mit Rath und That ihm zur Seite stehen.
Mit herzlichsten Grüßen

Ihr Mahler
Eben habe ich in <u>Amsterdam</u> eine prachtvolle Aufführung Ihres »Taillefer« gehört, den ich <u>ganz besonders</u> unter Ihren Werken liebe.

Datierung: Mitte März 1906 (»Taillefer« in Amsterdam).
Das Breslauer Unternehmen: Die Vereinigten Theater in Breslau planten eine Gastspielreise mit »Salome«, bei der sie auch in Wien Vorstellungen geben wollten. – *»Cabinetsfrage«:* Das Verbot der »Salome« war nicht die Ursache von Mahlers Demission im Jahre 1907,

hat aber zu seinem Entschluß gewiß beigetragen (siehe auch S. 187 f.). – *Hr. Löwe:* Dr. Theodor L., Direktor der Vereinigten Theater in Breslau. – *Roller:* Alfred R. (1864–1935), Maler, von Mahler 1903 als Chef des Ausstattungswesens ans Hof-Operntheater berufen. – *Amsterdam:* Mahler dirigierte am 10. und 11. März 1906 im Concertgebouw »Das klagende Lied«, Willem Mengelberg in denselben Konzerten »Taillefer«, op. 52, von Strauss.

St 24

Berlin W. 15 den 15. März 1906

Lieber Freund!

Da Sie selbst so freundlich zugestimmt haben und eine Aufführung durch die Breslauer in Wien Ihnen für Erreichung unserer Wünsche förderlich erscheint, habe ich heute Herrn Dr. Löwe mein Einverständniß mitgeteilt und ihm Kenntniß gegeben, daß Sie selbst, wofür er außerordentlich dankbar ist, sein Unternehmen in so echt künstlerischer Großmut unterstützen wollen. Hoffentlich schlägt die Sache nun nicht ins Gegenteil aus, indem es, statt der Salome die Wege in die Hofoper zu ebnen, ihr den Weg noch mehr verschließt. Das Orchester will Löwe ja vollzählig von Breslau mitbringen, die Beihilfe des genialen Roller für Dekorationen und Costüme nimmt er dankend an.

Ich habe ungern und zögernd zugestimmt, da es mir wirklich hart ist, Ihnen die Wiener Erstaufführung vorwegzunehmen, schließlich, bei den enormen Schwierigkeiten, mit denen Sie zu kämpfen haben, scheint mir ein großer Erfolg der Salome durch die Breslauer in Wien die einzige Möglichkeit fast, daß sich die maßgebenden Hofkreise dem Einzug der Salome in die Hofoper nicht mehr verschließen können.

Hoffentlich sind Sie mir nun innerlich nicht doch darüber verstimmt; wenn dies der Fall wäre, würde ich heute meine Erlaubnis noch widerrufen; stellen Sie auch um Gotteswillen der Salome wegen keine Cabinettfrage! Wir brauchen einen Künstler von Ihrer Tatkraft, Ihrem Genie und Ihrer Gesinnung zu notwendig an solcher Stelle, als daß Sie der Salome wegen irgend etwas auf's Spiel setzen dürften. Es wird schließlich auch so gehen!

Haben Sie nochmals herzlichst Dank für Alles und seien Sie mit Ihrer lieben Frau schönstens gegrüßt von Ihrem stets ergebenen

Richard Strauss

Quelle: Abschrift Alma Mahler.

meine Erlaubnis noch widerrufen: Das »Opern-Gesamtgastspiel« der Vereinigten Theater in Breslau fand nicht im Frühjahr 1906, sondern erst 1907, und zwar vom 25. Mai bis 20. Juni, in Wien statt. Ob die Verschiebung organisatorische Gründe hatte oder von Strauss veranlaßt wurde, ist unbekannt.

St 25

Marquartstein, Oberbaiern
7 Juni 1906

Lieber Freund!

Fürstner ist bereit, Ihnen eine Salomepartitur für Ihre Privatbibliothek zu widmen, wenn Sie bereit sind, einen Re-

vers zu unterzeichnen, der Ihre Erben verpflichtet, die
Partitur nach Ihrem Ableben an mich zurückzugeben.
Wenn Sie dazu bereit sind, erfolgt sofortige Absendung
der Partitur an Sie. Wie ist Ihnen die 6. bekommen?
Können Sie mir schon bald eine frohe Nachricht über Sa-
lome in Wien schicken?
Herzliche Grüße von Haus zu Haus

Ihr getreuer

Richard Strauss

Quelle: Abschrift Alma Mahler.
eine Salomepartitur: Da das Wiener Hof-Operntheater keinen Aufführ-
rungsvertrag geschlossen hatte, kannte Mahler das Werk bisher nur
aus dem Klavierauszug und von einer Aufführung in Graz, Mai 1906.
– *die 6.:* Uraufführung von Mahlers VI. Symphonie in Essen am
27. Mai 1906 bei der Tonkünstlerversammlung des Allgemeinen
Deutschen Musikvereins (siehe auch S. 191 ff.).

M 58

Der Director
des
k. k. Hof-Operntheaters

Lieber Freund!
Natürlich bin ich zu dem Revers bereit. Er soll mir die
Partitur nur gleich schicken, denn mich verlangt schon
sehr darnach mich in die geheimnißvollen Labyrinthe zu
verlieren. – Wegen Salome habe ich an maßgebender
Stelle gleich nach meiner Rückkehr gesprochen; wenn ich
auch noch nicht eine Zusage erlangen konnte so kann ich

doch schon das verheißungsvolle »Schwanken« constati-
ren. (Ich habe es ja zunächst noch nicht anders erwartet).
Ich habe auch von Ihrer Bereitwilligkeit erzählt, mir bis
zum 1. November eine Wartezeit zu geben, was mit be-
deutungsvoller Bereitwilligkeit accepirt wurde. – Alles
in Allem glaube ich darauf mit Sicherheit zählen zu können, daß wir im nächsten Jahre die Salome geben werden.
– Im Herbst eine definitive Antwort, wenn es Ihnen so
recht ist. – Ich fange an mich aus meinem Katzenjammer
ein bischen aufzurappeln. Das muß ja Alles wol so sein.

Herzlichst Ihr

Mahler

Datierung: zwischen 8. und 10. Juni 1906.
gleich nach meiner Rückkehr: von der Tonkünstlerversammlung in
Essen.

M 59

Der Director
des
k. k. Hof-Operntheaters

Lieber Freund!
Es will sehr ungern heraus – aber ich muß es Ihnen so zeitig als möglich sagen: also – es wird noch immer nicht
erlaubt! Mein Einwurf, daß ich mich am 1. November
entscheiden müsse, mit Achselzucken beantwortet. –
Jetzt ist es mir am willkommensten, daß Löwe so bald als
möglich mit einer Aufführung hier herausrückt. Dieß
wird dann Bresche schießen.

Es ist <u>zu dumm</u>!
Dieß nur schnell zu Ihrer Darnachrichtung. Am 8. November sehe ich Sie hoffentlich in Berlin!

Auf Wiedersehen!
Ihr herzlichst ergebener
Mahler

Datierung: nicht eindeutig bestimmbar. Dem Inhalt nach Ende September/Anfang Oktober 1906; die Nennung des 8. November hingegen würde Oktober 1905 nahelegen. Am 8. November 1905 wurde in Berlin in Mahlers Anwesenheit seine II. Symphonie aufgeführt (siehe auch M 54). Möglicherweise aber hat Mahler wie öfter bei Datumsangaben einen Schreibfehler begangen, und es soll 8. Oktober heißen. Dies würde auf den 8. Oktober 1906 hinweisen, an dem in Berlin in Mahlers Anwesenheit seine VI. Symphonie (unter Oscar Fried) aufgeführt wurde.

St 26

Berlin, 14. 1. 1907
Lieber Freund!
Ich habe die ganze Woche bis inclusive Sonnabend mit auswärtigen Concerten jeden Abend zu dirigieren und muss mir, dringend der Ruhe bedürftig, leider versagen, heute Abend Ihr herrliches Werk nochmals zu hören. Die ersten Sätze, die ich gestern vernahm, haben mir wieder den grössten Eindruck gemacht in ihrer eigenartigen Kraft und blühenden Erfindung und habe ich mich herzlich gefreut, zu sehen, wie auch das Publikum allmählich anfängt, Ihre Kunst zu lieben und zu verstehen.

Ich habe heute nochmals an Fürstner geschrieben und hoffe, dass Sie nun bald die Salomepartitur ihr Eigen nennen. Sobald Fürstner wieder gesund ist, hoffe ich die Sache definitiv zu erledigen. Sie werden mein heutiges Fernsein gewiss nicht einem Mangel an Teilnahme und Bewunderung zuschreiben und mit meiner Überanstrengung der letzten Wochen entschuldigen.

Grüssen Sie Ihre liebe Frau und seien Sie selbst herzlich gegrüsst von meiner Frau und Ihrem stets aufrichtig und in verehrungsvoller Freundschaft ergebenen

Dr. Richard Strauss

Quelle: Abschrift Alma Mahler.
Ihr herrliches Werk: die III. Symphonie, aufgeführt am 14. Januar 1907 in einem Berliner Philharmonischen Konzert unter Mahler.

M 60

Der Director
des
k. k. Hof-Operntheaters

Lieber Freund!
Ich habe gestern das neue Schönberg'sche Quartett gehört, und einen so bedeutenden, geradezu imponirenden Eindruck erhalten, daß ich nicht umhin [kann], Ihnen dasselbe für die Tonkünstlerversammlung von Dresden dringendst zu empfehlen. Ich sende Ihnen die Partitur desselben unter Einem, und hoffe, daß Sie gelegentlich einmal Zeit finden, einen Einblick in das Werk zu thun. –

Das Quartett Rosé erbietet sich, gegen Erstattung der Reisekosten zur Interpretation des Stücks.

Verzeihen Sie, Vielgeplagter, diese Belästigung, aber ich denke, Sie werden selbst eine Freude daran haben.

Herzlichst und in aller Eile
Ihr getreuer Mahler

Für die Salome danke ich vielmals.

Sie kommt gar nicht von meinem Schreibtisch weg.

Datierung: 6. Februar 1907.

das neue Schönberg'sche Quartett: Streichquartett d–Moll, op. 7, von Arnold Schönberg (1874–1951), uraufgeführt am 5. Februar 1907 in Wien. – *Quartett Rosé:* die unter der Leitung von Mahlers Schwager Arnold Rosé (1863–1946) stehende Quartett-Vereinigung.

M 61

Der Director
des

k. k. Hof-Operntheaters

Lieber Freund!

Was hier vorgeht, wissen Sie wol. Ich gehe. – Nun hat dieß leider, wie ich nunmehr schon mit Bestimmtheit voraussehe, [zur Folge,] daß auch Roller, der bedeutende Künstler und selten begabte Praktiker, nicht wird bleiben können. – Mir geht dieß sehr nahe; denn ihn dem Theater zu erhalten scheint mir von größter Bedeutung. Es stecken Möglichkeiten in ihm, die noch Niemand auch nur ahnen kann.

Mir fällt eben ein, daß vielleicht Berlin (hauptsächlich Sie in Berlin) ihn brauchen könnten! Sie möchten Unerhörtes an ihm erleben! Ich theile Ihnen diesen Einfall mit – vielleicht daß eine solche Anregung von Folgen begleitet sein könnte. – Ich bitte Sie allerdings um streng vertrauliche Behandlung meiner Mittheilung, da man dieß hier sehr misdeuten könnte. – Wollen Sie mir eine Zeile antworten, damit ich weiß, wie ich mich in dieser Sache ihm gegenüber (als Berather) verhalten kann?

Herzlichst und in Eile Ihr sehr ergebener

Mahler

Datierung: vermutlich Mai 1907.

nicht wird bleiben können: Roller blieb Chef des Ausstattungswesens am Hof-Operntheater bis 31. Mai 1909. – *von Folgen begleitet sein könnte:* Strauss führte mit Roller ein längeres Gespräch (siehe Brief von Alfred Roller an Gustav Mahler vom 11. März 1908, AM, S. 421). Für die Uraufführung des »Rosenkavalier« (Dresden, 26. Januar 1911) schuf Roller die modellhaften, jahrzehntelang gültigen Bühnenbilder und Kostüme.

M 62

Lieber Freund!

Auf dem etwas ungewöhnlichen Umwege über New York und Paris bekomme ich Ihre Karte.

Meine I dauert meines Wissens ungefähr 50 Minuten. Für den Sommer habe ich noch gar keine Pläne. Ich gehe in den nächsten Tagen nach Toblach a. d. Südbahn in <u>Tyrol</u>. Vergrabe mich dort ein wenig. Es ist zu dumm, daß das so weit von Ihnen ist, sonst überfiele ich Sie bestimmt einmal. Leider habe ich Ihre Elektra noch nicht gehört!

Hier kann ich nicht in's Theater (am Ende ließe mich Weingartner pr. Polizei abschaffen) und so muß ich wol warten, bis ich sie in New York höre. – Ihre Salome fand eine recht <u>ordinäre</u> Aufführung, ist aber in Folge einer <u>wundervollen</u> Interpretation der Titelrolle durch Mary Garden von <u>mächtiger Wirkung</u>. Auch Dalmores als Herodes ist famos!
Seien Sie und Ihre Frau von uns Beiden herzlichst gegrüßt

von Ihrem getreuen

Mahler

Datierung: Wien Mai/Juni 1909.
New York: Mahler wirkte seit seinem Rücktritt als Wiener Operndirektor in New York als Dirigent, verbrachte aber den größeren Teil des Jahres in Europa. – *Meine I:* Strauss führte Mahlers I. Symphonie am 3. Dezember 1909 in einem Konzert der königlichen Kapelle in Berlin auf. – *eine recht ordinäre Aufführung:* am Manhattan Opera House in New York. – *Mary Garden:* (1877–1967), Sopran. – *Dalmores:* Charles Dalmorès (1871–1939), Tenor.

St 27

Garmisch, 21. 8. 09.

Lieber Freund!
Wir wollen Montag Früh neun Tage eine Automobiltour durch die Dolomiten [machen] und hoffen Montag Abend oder Dienstag nach Toblach zu kommen und Sie zu sehen.
Das Barometer fällt zwar, jenseits des Brenners ist aber stets anderes Wetter, als bei uns. Hätten Sie die große Güte, mir morgen Sonntag Abend ein Telegramm: (Strauss

125

Garmisch) zu spendieren, ob drüben bei Ihnen das Wetter gut ist und Dauer verspricht.

Hoffentlich auf frohes Wiedersehen!

Mit schönsten Grüßen von Haus zu Haus Ihr

Dr. Richard Strauss

Quelle: Abschrift Alma Mahler.

nach Toblach zu kommen: Der Besuch der Familie Strauss bei Mahler in Toblach hat wirklich stattgefunden (siehe S. 208).

M 63

Liebster Freund!

Eine Bitte: Schreiben Sie mir auf einer Corresp. Karte die Adresse der Pariser Noten-Papierhandlung. – Mein Sommer war sehr schön, und Sie sind wol jetzt wieder im Rococo. Wie Schade, daß unsere »Entrevue« so kurz gedauert, beinahe wie zwischen Potentaten. – Ich dirigire meine 7. Anfang Oktober in Amsterdam. Bitte richten Sie Ihre Antwort dahin

Concertgebouw.

Seien Sie herzlichst gegrüßt von Ihrem alten

Gustav Mahler

Datierung: Ende September 1909.

Pariser Noten-Papierhandlung: Strauss schrieb seine Partituren zu dieser Zeit auf Notenpapier der Papeteries de Leysse près Chambery-Forest (Wasserzeichen), H. Lardesnault/Ed. Bellamy Sr/Paris (Prägestempel). – *Mein Sommer:* Mahler komponierte im Sommer 1909 seine IX. Symphonie. – *im Rococo:* Anspielung auf den »Rosenkavalier«, an dem Strauss arbeitete. – *unsere »Entrevue«:* siehe St 27.

Landhaus Richard Strauss

Garmisch 11. 5. 11

Lieber Freund!

Ich lese zu meiner großen Freude, daß es Ihnen besser geht u. Sie im Begriffe stehen, die langweilige Krankheit glücklich zu überwinden. Vielleicht macht es Ihnen in den trübseligen Stunden der Reconvalescenz einiges Vergnügen, wenn ich Ihnen mitteile, daß ich nächsten Winter, wahrscheinlich Anfang Dezember mit der k. Kapelle in Berlin aufführen werde: Ihre III. Sinfonie. Wenn Sie Lust haben, selbst zu dirigieren (Sie werden sich über die Kapelle freuen), wird es mir ein Genuß sein, Ihr schönes Werk wieder unter Ihrer eigenen Leitung zu hören, so gern ich es natürlich auch selbst dirigiere. Vorstudieren würde ich Ihnen natürlich auf jeden Fall, so daß Sie keine Mühe haben, sondern nur Freude empfinden werden.

Mit dem herzlichen Wunsche, daß Sie sich bald ganz erholt haben möchten, u. schönsten Grüßen auch von meiner Frau, die gleich mir mit inniger Teilnahme die Nachrichten über Ihr Befinden verfolgt

Ihr treu u. achtungsvoll ergebener
Richard Strauss

Beste Empfehlungen an Gattin, Schwiegermutter u. Schwester.

Quelle: Autograph im Nachlaß Alma Mahler-Werfel, The Charles Patterson Van Pelt Library, University of Pennsylvania, Philadelphia, USA.
Krankheit: Mahler war im Februar 1911 in New York lebensgefährlich erkrankt und über Paris nach Wien transportiert worden. Er starb am 18. Mai 1911. – *Ihre III. Sinfonie:* Strauss dirigierte Mahlers Werk im Konzert vom 11. Dezember 1911 in Berlin.

Strauss, von Mahler erwartet, in der Tür des Landestheaters,
Salzburg 1906.

(Archiv der Internationalen Gustav Mahler Gesellschaft)

Gustav Mahler, 1907.
(Archiv der Internationalen Gustav Mahler Gesellschaft)

Richard Strauss, 1907.
(Bildarchiv der Österreichischen Nationalbibliothek)

„Feuersnot", die einzige Oper von Strauss, die Mahler dirigiert hat.
Die erste Partiturseite in der Handschrift von Strauss.

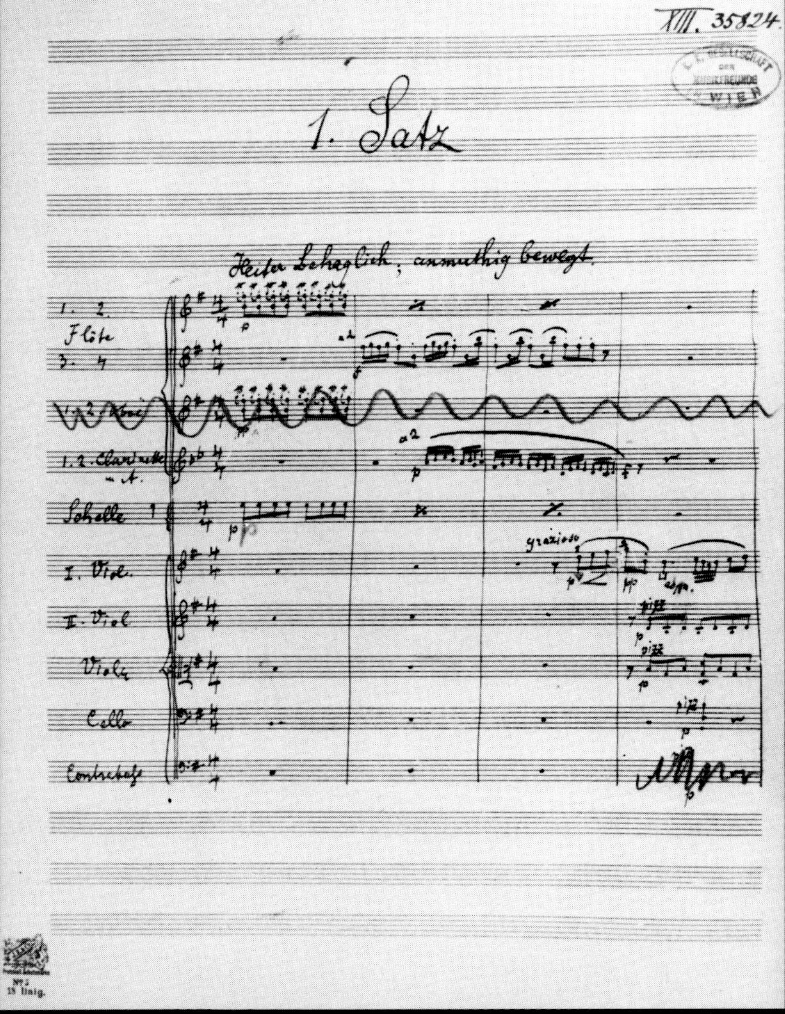

Mahlers IV. Symphonie wurde von Strauss am meisten geschätzt und am häufigsten aufgeführt. Die ersten Takte des 1. Satzes in Mahlers Handschrift.

(Gesellschaft der Musikfreunde, Wien)

Familienfoto Strauss.
(Alice Strauss, Garmisch-Partenkirchen)

Alma und Gustav Mahler, ca. 1903.
(Archiv der Wiener Philharmoniker)

TEATRO COLON

Concesionarios:
FAUSTINO DA ROSA - WALTER MOCCHI

Empresa:
WALTER MOCCHI y Cía.

MARTES 14 DE AGOSTO

A las 21.15

SEGUNDO CONCIERTO DE ABONO

a MARTES y VIERNES

POR LA

FILARMONICA DE VIENA

bajo la dirección del maestro

RICARDO STRAUSS

PROGRAMA

I.

1ra. Sinfonía en re mayor . . . . MALHER
Lento
Muy agitato
Solemne e moderato
Muy agitato

II.

Obertura Coriolano . . . . BEETHOVEN

Concierto en mi bemol para piano y orquesta . . BEETHOVEN
Allegro
Adagio. — Un poco mosso. — Rondo
Allegro ma non troppo

Al piano: Señor ALFRED BLUMEN

III.

Muerte y Transfiguración. (Esce na Sinfónica) . . STRAUSS

NOTA. — Durante la ejecución de las obras, no se permitirá la entrada a la platea.

Südamerika-Tournee der Wiener Philharmoniker 1923.
Strauss dirigiert in Buenos Aires Mahlers I. Symphonie.
(Archiv der Wiener Philharmoniker)

Maiernigg, 19 Aug. 1905

Lieber Freund!

Die Notiz ist offenbar nur so aus den
Fingern gezogen. — Der Termin der
Premiére kann noch immer, sich bestimmt
werden. So viel ist nur sicher
daß, wenn ich Ihre Oper nicht am 4. Oktober
herausbringen, sie wahrscheinlich
erst im Jänner gegeben werden kann.
(Im Dezember ist ausgeschlossen, weil für
mich wichtiger Novität zu euer,
Halbfest und im November und
Don Juan (und Figaro im Dezember) wir
favorit wegen des Mozart Jubiläums.
So wie ich nach Wien komme, schreibe
ich an Fürstner. — Hoffen die
Censur schickt's schon wieder.
Ich bitte jedenfalls um baldmöglichst

Gustav Mahler schreibt an Richard Strauss (siehe M 49).

Allgemeiner Deutscher Musikverein

★ ★ ★ ★ ★ Gegründet im Jahre 1859 ★ ★ ★ ★ ★ ★ ★

Unter dem Protectorat Sr. Kgl. Hoheit des Grossherzogs von Sachsen.

Vertraulich

Lieber Freund!

[handschriftlicher Brief]

Ihr
R. Strauss.

Richard Strauss schreibt an Gustav Mahler (siehe St 6).

Vereinigung schaffender Tonkünstler in Wien.

Mittwoch den 23. November 1904, abends halb 8 Uhr

im Großen Musikvereinssaale

I. Orchesterkonzert.

Mitwirkend:

Direktor **Gustav Mahler** (Ehrenpräsident).
Kapellmeister **Alexander v. Zemlinszky** (ordentliches Mitglied).

Hermann Bischoff (auswärtiges Mitglied).
K. k. Hofopernsänger **Friedrich Weidemann**.
Das Orchester des **Wiener Konzertvereines**.

Programm:

1. Siegmund v. Hausegger: Dionysische Phantasie.
Dirigent: Alexander v. Zemlinszky.

2. Hermann Bischoff: Drei Gesänge mit Orchester.
   a) Das Trinklied.
   b) Der Schlaf.
   c) Bewegte See.
K. k. Hofopernsänger **Friedrich Weidemann**. — Dirigent: Der Komponist.

3. Richard Strauss: Symphonia domestica. Dirigent: Gustav Mahler.

I. Kammermusik- und Liederabend

20. Dezember 1904, halb 8 Uhr abends

im Saale Bösendorfer.

1. Gerhard v. Keussler: Gesänge.
2. Hans Pfitzner:
   Klaviertrio F dur.
3. Rudolf St. Hoffmann: Gesänge.
4. Kurt Schindler: Gesänge.

II. Orchesterkonzert

25. Jänner 1905, halb 8 Uhr abends

im Großen Musikvereinssaale.

1. Alexander v. Zemlinszky:
   Die Seejungfrau. Phantasie für Orchester.
2. Oskar C. Posa:
   Fünf Gedichte von Detlev v. Liliencron für Bariton mit Orchester.
3. Arnold Schönberg:
   Pelleas und Melisande, symphonische Dichtung.

II. Kammermusik- u. Liederabend
20. Jänner 1905, halb 8 Uhr abends
im Saale Bösendorfer.

Ein Liederabend mit Orchester
29. Jänner 1905, halb 8 Uhr abends
im Kleinen Musikvereinssaale.
Zur Aufführung gelangen ausschließlich Lieder von Gustav Mahler.

III. Kammermusik- u. Liederabend
20. Februar 1905, halb 8 Uhr abends
im Saale Bösendorfer.

III. Orchesterkonzert
11. März 1905, halb 8 Uhr abends
im Großen Musikvereinssaale.

Programme à 20 Heller.

Wiener Erstaufführung der „Symphonia domestica" von Strauss.
Dirigent: Mahler.

Mahler am Dirigentenpult.
Karikatur und Silhouette von Hans Schließmann.

Strauss am Dirigentenpult.
Silhouette von Hans Schließmann.

Rivalität und Freundschaft

Die persönlichen Beziehungen zwischen
Gustav Mahler und Richard Strauss

Rund siebzig Jahre sind seit Mahlers Tod, rund dreißig seit dem Tod von Strauss vergangen, ehe hiermit der Briefwechsel vorgelegt wird, in dem sich ihre Freundschaft niederschlug. Eine auffällige Verspätung. Um so auffälliger, wenn man bedenkt, daß Strauss und Mahler einander vierundzwanzig Jahre kannten, lange Stunden, ja mitunter Tage im Gespräch verbrachten und auch durch viele Fragen der Praxis miteinander verbunden waren! Da die Dokumente, die das Verhältnis zwischen Strauss und Mahler widerspiegeln, unveröffentlicht blieben, ging die Kenntnis des ihnen Gemeinsamen allmählich verloren.

Im Jahre 1924 bereits legte Alma Mahler einen Band mit Briefen[1] ihres verstorbenen Gatten vor. Dieser Band, der insgesamt 420 Briefe Mahlers an Freunde und Kollegen enthält, gibt keinen einzigen der vielen Briefe wieder, die Mahler an Strauss gerichtet hat. Mehr noch: es fehlt jeder Hinweis, daß solche Briefe existieren. Nun wäre denkbar, daß Alma Mahler, seit jeher gegen Strauss eingenommen, diese Briefe mit Absicht ausgeschaltet hat, ebenso ist jedoch denkbar, daß Strauss als Besitzer der Briefe ihre Veröffentlichung im Jahre 1924 ablehnte.

Auch dies ist eine bloße Vermutung, die freilich durch die Absage erhärtet wird, die Strauss im Jahre 1939 erteilte, als Alma Mahler um das Recht ersuchte, einige von Strauss an Mahler gerichtete Briefe abzudrucken. So kommt es, daß diese beiden wichtigen Brief-Ausgaben[2] weder Briefe Mahlers an Strauss noch Briefe von Strauss an Mahler enthalten.

Nach dem Zweiten Weltkrieg tauchten in der Strauss-Literatur vereinzelt Briefe von Mahler an Strauss auf, in Biographien, Ausstellungen und Ausstellungskatalogen und in Auswahlbänden wie »Die Welt um Richard Strauss in Briefen«[3]. Doch blieb es bei einzelnen Veröffentlichungen, die weder für den Umfang der Korrespondenz noch für die Beziehung der beiden Komponisten charakteristisch sein konnten. Von einer Gesamtpublikation wurde Abstand genommen, weil der Verbleib der Briefe, die Strauss an Mahler geschrieben hatte, unbekannt war. Während Mahlers Briefe an Strauss fast ausnahmslos im Archiv seiner Erben in Garmisch-Partenkirchen liegen, wurden die Briefe von Strauss an Mahler niemals und nirgendwo gesammelt aufbewahrt. Auch für diese Ausgabe konnte trotz jahrelanger Suche nur ein Teil des ursprünglichen Bestandes ausfindig gemacht werden. Somit stehen den 63 Briefen Mahlers, die hier veröffentlicht werden, nur 28 Mitteilungen von Strauss gegenüber, und selbst von diesen ist ein Dutzend offenbar nur in Abschriften von Alma Mahler erhalten geblieben. Die Originale sind verschollen, wahrscheinlich mit manchen anderen Dokumenten aus Mahlers Nachlaß bei den Bombenangriffen des Jahres 1945 in Wien vernichtet worden. Mahler dürfte mit Briefen, die ihn erreichten, immer etwas achtlos umgegangen sein und einen großen Teil weggeworfen haben. Nur so läßt sich erklären, daß in öffentlichen und privaten Sammlungen sowie im Autographenhandel bisher nur selten an Mahler gerichtete Briefe aufgetaucht sind. Alma Mahler entdeckte nach dem Tod ihres Gatten eine Mappe, die Schriftstücke aus den Jahren 1880 bis 1886 enthielt, darunter Briefe von den Eltern und Geschwistern. Dies ist die einzige Sammlung dieser Art, von der wir Kenntnis erlangten. Ob es ähnliche Mappen aus den folgenden Jahren gegeben hat, ist unbekannt. Mahlers Schwestern Justine und Emma haben allerdings etliche an Mahler adressierte Briefe, deren Schreiber ihnen interessant erschienen, aufbewahrt, und auf diese Weise haben neben Schreiben von Pietro Mascagni und Anton Bruckner auch einige Mitteilungen von Strauss an Mahler die Zeiten überdauert. Doch handelt es sich hier nur um vereinzelte Stücke. Die große Mehrheit aller an Mahler gerichteten Briefe – und man kann ihre Anzahl abschätzen, wenn man Mahlers Gegenbriefe nachzählt – muß als verschollen betrachtet werden. Alma Mahler veröffentlicht zwar in ihren »Erinnerungen«[4] etliche an Mahler adressierte Briefe aus den Jahren 1904 bis 1910, doch muten diese wenigen Schreiben eher wie zufällige Funde an und nicht wie die überlegte Auswahl aus einem reichen Korrespondenzarchiv. Auch die zwölf Briefe von Strauss, die Alma ursprünglich ihrem Mahler-Buch einverleiben wollte und die vermutlich nur in ihrer Abschrift erhalten sind, tragen diesen Charakter des Zufälligen. Zusammenfassend läßt sich sagen, daß auch aus Mahlers Ehejahren keine an ihn gerichteten Briefe aufgetaucht sind, nicht einmal Almas Briefe an ihren Gatten, ohne die mancher Brief Mahlers unverständlich bleibt.

Gustav Mahler und Richard Strauss – sie wurden von den Zeitgenossen, die sie persönlich kannten, oft in einem

Atemzug genannt und doch als äußerste Gegensätze empfunden: konträr in ihren musikalischen Mitteln und Zie-
len, konträr auch in Temperament und Persönlichkeit.
Ludwig Schiedermair, der die beiden Komponisten noch
vor der Jahrhundertwende in München kennenlernte,
stellte ihr unterschiedliches Wesen durch folgende Charakterisierung dar:

> Richard Strauss, der sicher und besonnen sein Ziel ver-
> folgende produktive Künstler, der trotz aller Höhenflü-
> ge nicht den Boden unter den Füßen verlor, – Gustav
> Mahler, der in künstlerischer Hochglut sich selbst ver-
> zehrte und ruhelos nach den höchsten Zielen rang [...]⁵

Auch Mahler war sich der Wesenszüge, die ihn von
Strauss schieden, bewußt, nur allzu bewußt, und hat sie
bei vielen Gelegenheiten betont.

> Schopenhauer gebraucht irgendwo das Bild zweier
> Bergleute, die von entgegengesetzten Seiten in einen
> Schacht hineingraben und sich dann auf ihrem unterir-
> dischen Weg begegnen. So kommt mir mein Verhält-
> nis zu Strauss treffend gezeichnet vor. ⁶

Mit diesen Worten umriß er im Februar 1897 in einem
Brief an den Musikkritiker Arthur Seidl seine Einstellung
zu Strauss. Den Erinnerungen von Alma Mahler zufolge
hat Mahler sich dieses Gleichnisses in späteren Jahren
auch mündlich bedient. »Mahler pflegte zu sagen«,
schreibt Alma Mahler, »Strauss und ich graben von verschiedenen Seiten her in unsern Schachten desselben Ber-
ges. Wir werden uns schon treffen. «⁷

Von Strauss ist kein vergleichbarer Ausspruch überliefert. Ihm war Mahler ein lieber Kollege, vielleicht sogar
Freund, dessen Leistung als Komponist und Kapellmeister er anerkannte, aber sein Verhältnis zu Mahler war
nicht von psychologischen Problemen belastet.

Die seltsame Metapher vom Berg, die Mahler gewählt hat und die seine zwiespältige Einstellung zu Strauss ausdrückt, war ihm gewiß nicht zufällig in den Sinn gekommen. Er fühlte zwischen sich und dem Kollegen einen Berg, der sie schied, der jedem die volle Sicht auf den andern verstellte, eine Klimagrenze, die ein grundsätzliches Anderssein bedingte. »Mahler und Strauss sprachen gerne miteinander, vielleicht, weil sie nie derselben Meinung waren«, berichtet Alma Mahler[8]. Ihre Gegensätzlichkeit wurde allerdings von viel Gemeinsamem überlagert. Als sie einander im Jahre 1887 kennenlernten, standen beide im Banne Richard Wagners, der damals noch ein Umstrittener war. Beide komponierten und verstanden genug vom Handwerk, um bald zu erkennen, daß sie es waren – Strauss und Mahler –, die der Musik nach Wagner die Wege weisen sollten. Beide verdienten ihr Brot als Opernkapellmeister, beide litten unter den Unzulänglichkeiten des Theaterbetriebes. Wenn Mahler und Strauss trotz des ihnen gemeinsamen Wagner-Erlebnisses komponierend so unterschiedliche Richtungen einschlugen, so empfanden sie einander doch als Partner.

Ihrer Herkunft nach waren sie ungleich wie Tag und Nacht, der Sohn des angesehenen Münchener Musikers und der Sohn des jüdischen Branntweiners aus dem böhmischen Dorf Kalischt. Im Hause Strauss gab es nur zwei Kinder, Richard und eine jüngere Schwester, auf die sich elterliche Liebe und Aufmerksamkeit sammelten, Mahler hatte dreizehn Geschwister, von denen acht im Kindesalter starben. Hier eine von Armut und Tod verdüsterte Kindheit, dort eine glückliche. Strauss war ein guter Schüler. Sein heiteres Temperament und sein lebhafter Geist machten ihn zu einem Liebling der Gymnasiallehrer, die ihm sogar nachsahen, wenn er während des Unterrichts komponierte. Neben dem üblichen Instrumentalunterricht empfing er von Kollegen des Vaters Unterweisung in Harmonielehre und Kontrapunkt und stellte sich, ohne jemals ein Konservatorium besucht zu haben, noch während der Gymnasialzeit der Münchener Öffentlichkeit als Komponist vor. Als er zwanzig Jahre alt war, nahm Hans von Bülow, der führende Dirigent seiner Zeit, die Bläserserenade op. 7 des jungen Strauss zur Aufführung an. Auch Mahler erhielt schon in früher Kindheit Instrumentalunterricht, jedoch um Musiker zu werden, mußte er im Alter von fünfzehn Jahren das elterliche Haus verlassen und mit unzureichenden Mitteln versehen ans Konservatorium nach Wien gehen. Er schlug sich durch, indem er, selbst noch Schüler, Klavierunterricht gab. Mit zwanzig komponierte er »Das klagende Lied«, das als Manuskript in der Schublade blieb und erst 1901 uraufgeführt wurde, als Mahler längst Hofoperndirektor war. Wenn es richtig ist, daß Kindheit und frühe Jugend die Persönlichkeit des Menschen, des Künstlers vor allem, auf Lebenszeit prägen, dann wird verständlich, warum sich Mahler zu dem großen Leidverkünder entwickelte, als der er uns erscheint, und Strauss zu dem großen Freudenspender.

Diese bewußt vereinfachende Etikettierung darf freilich nicht den Eindruck erwecken, als wäre Mahlers Lebensbahn in Entsagung und Erfolglosigkeit verlaufen, während Strauss von einem leicht errungenen Sieg zum andern eilte. So war es nicht. Wenn Strauss seine Werke rascher durchsetzte, so hatte Mahler als Opernkapellmeister einen gewaltigen Vorsprung, denn ihn finden wir bereits auf dem Direktorssessel des königlich ungarischen Opernhauses, als Strauss froh sein mußte, in Weimar als zweiter Kapellmeister unterzukommen.

Die mit dem Dirigentenberuf verbundenen häufigen Reisen führten Strauss und Mahler, obzwar sie sich nie längere Zeit an demselben Ort aufhielten, verhältnismäßig oft zusammen. Wenn sie für etliche Tage in derselben Stadt weilten, dann verbrachten sie einen großen Teil der freien Zeit miteinander. Zwischen ihren persönlichen Begegnungen wurden Briefe gewechselt. Die Verbindung ist in den vierundzwanzig Jahren ihrer Bekanntschaft niemals abgerissen, wenngleich Perioden häufiger Begegnungen und dichter Korrespondenz mit solchen eher schütterer Kontakte wechselten. Das Vorliegen des Briefwechsels, soweit erhalten und zugänglich, ermöglicht nun erstmals, die persönlichen Beziehungen zwischen Strauss und Mahler in ihrer Gesamtheit zu rekonstruieren. Bei diesem Versuch werden neben den Briefen auch alle anderen Quellen herangezogen, die geeignet sind, Licht auf diese Künstlerfreundschaft zu werfen.

Im Oktober 1887 kam Richard Strauss, damals dritter Kapellmeister an der Münchener Oper, nach Leipzig, wo seit etwa einem Jahr Gustav Mahler als zweiter Kapellmeister am Stadttheater tätig war. Anlaß der Reise war das Konzert des Gewandhausorchesters vom 17. Oktober, in dem Strauss seine f-Moll-Symphonie dirigierte. Wie und durch wen er Mahler kennenlernte, ist nicht bekannt. Vermutlich hat Max Steinitzer dabei eine Rolle gespielt, mit dem Mahler in seiner Leipziger Zeit viel verkehrte, denn Strauss schrieb viele Jahrzehnte danach folgenden Satz in das sogenannte Graue Tagebuch:

Von Mahler, der in Leipzig Kapellmeister war und da nachgelassene Skizzen von Webers 3 Pintos bearbeitete, hatte mir schon Max Steinitzer, mein späterer Biograph u. Jugendfreund, vorgeschwärmt.[9]

Wenn diese Erinnerung stimmt, dann hat wahrscheinlich auch Steinitzer die beiden jungen Kapellmeister, den sie-benundzwanzigjährigen Mahler und den dreiundzwan-zigjährigen Strauss, miteinander bekannt gemacht. Man darf annehmen, daß für Mahler der Name Strauss schon ein Begriff war, und zwar nicht bloß aus Erzählungen Steinitzers, sondern auch durch die recht häufigen Auf-führungen seiner Werke, vor allem der f-Moll-Sympho-nie. Dieses Werk, das laut Steinitzer »sehr viel echten Strauss« enthält, aber »noch im Rahmen der strengen Form«[10], war schon im Dezember 1884 von der New York Philharmonic Society uraufgeführt worden; Franz Wüllner hatte in Köln die deutsche Erstaufführung diri-giert, auf die Darbietungen unter Strauss in Meiningen, unter Hermann Levi in München, unter Robert Radecke in Berlin, unter Jean Louis Nicodé in Dresden und unter Hans von Bülow in Hamburg gefolgt waren. Auch müß-te Mahler bekanntgeworden sein, daß Strauss in der Sai-son 1885/86 unter Bülow Musikdirektor am Hof von Meiningen gewesen war, eine Stellung, die Mahler selbst leidenschaftlich begehrt hatte. Als er unterbeschäftigt und kreuzunglücklich als Musikdirektor in Kassel engagiert war, hatte er Bülow an der Spitze des Meininger Orche-sters erlebt und ein überschwenglich formuliertes Ansu-chen an ihn gerichtet, das in die Worte mündete:

Als ich im gestrigen Konzert das Schönste erfüllt sah, was ich geahnt und erhofft, da war es mir klar: hier ist deine Heimat, – dies ist dein Meister – nun soll deine Irrfahrt enden oder nie! Und nun bin ich da und bitte Sie: Nehmen Sie mich mit – in welcher Form es immer sei – lassen Sie mich Ihren Schüler werden, und wenn ich das Lehrgeld mit Blut bezahlen sollte [...][11]

Das war Ende des Jahres 1884 geschrieben, und Mahler

hatte es seither als Kapellmeister weit gebracht, auch ohne Bülows Hilfe, doch als Komponist war er, wenn man von drei Liedern absieht, die in einem Prager Konzert gesungen worden waren, noch nicht hervorgetreten, ja er hattte für seine Jahre, besonders wenn man ihn mit dem jüngeren Strauss verglich, noch erstaunlich wenig geschaffen. Im Jahre 1887 lernte Mahler in Leipzig Carl Maria von Webers Skizzen zu der komischen Oper »Die drei Pintos« kennen und unternahm es, aus diesen dürftigen Fragmenten und aus anderer Musik von Weber eine spielbare Bühnenfassung herzustellen. Natürlich war da nicht nur eine Menge zu harmonisieren und instrumentieren, sondern auch zu ergänzen, sogar zu komponieren, doch mußte sich Mahler aus Opportunitätsgründen hinter Weber verstecken. Es handelte sich um eine Restaurierung, die Mahler viel Freude bereitete, aber um keine Arbeit, in der sich seine eigene Persönlichkeit voll ausdrücken konnte.

Am 29. Oktober 1887, bald nach seiner Rückkehr nach München, schrieb Strauss an Hans von Bülow einen Bericht über den Leipziger Aufenthalt, wobei er auch ausführlich auf Mahler zu sprechen kam:

Eine neue, sehr reizende Bekanntschaft machte ich in Herrn Mahler, der mir als höchst intelligenter Musiker u. Dirigent erschien; einer der wenigen modernen Dirigenten, der von Tempomodifikation weiß u. überhaupt prächtige Ansichten, besonders über Wagners Tempi (entgegen den jetzt akkreditierten Wagnerdirigenten) aufwies.

Mahlers Bearbeitung von Webers »3 Pintos« scheint mir ein Meisterstück; von dem ersten Akt, den Mahler mir vorspielte, bin ich ganz entzückt [...] Ich glaube, Sie werden sich auch darüber freuen![12]

Bülow studierte auf diese enthusiastische Empfehlung hin den Klavierauszug und fällte, unbeirrt vom Leipziger Premierenerfolg der »Drei Pintos«, ein vernichtendes Urteil. In einem Schreiben vom 27. März 1888 wies er Strauss energisch zurecht, warf ihm »akute Urteilslosigkeit« vor und erklärte, es sei ihm, Bülow, beim besten Willen unmöglich gewesen, etwas Löbliches herauszufischen:

Wo Weberei, wo Mahlerei – einerlei – das Ganze ist per Bacco ein infamer, antiquierter Schmarren.[13]

Angesichts der Ablehnung von seiten des Dirigenten, der in seinen und wohl auch in Mahlers Augen die höchste musikalische Autorität in Deutschland darstellte, entschied sich Strauss für ein Rückzugsgefecht. Er konnte einen Sinneswandel um so leichter begründen, als die »Drei Pintos« auf ihrem kurzlebigen Triumphzug über die deutschen Opernbühnen soeben in München geprobt wurden. Strauss also schrieb am 7. April einen Entschuldigungsbrief an Bülow.

Mit dem herzlichsten Danke für Ihren lieben Brief, der mir kolossale Freude bereitet hat, möchte ich Ihnen nur gestehen, wie heilsam mir Ihr gerechter Vorwurf bezüglich der »drei Pintos« war. Es war furchtbar voreilig von mir, Ihnen ein Werk zur Ansicht zu empfehlen, von dem ich nur den ersten Akt (der im Entwurf fast ganz von Weber ist, mir noch immer nicht so übel gefällt, bezüglich dessen also meine Urteilslosigkeit chronisch ist) kannte. Gestern auf der Probe habe ich nun zum ersten Male 2. u 3. Akt gesehen und begreife vollkommen Ihr Entsetzen, die beiden sind wirklich höchst mäßig u. ledern. In der Instrumentation hat Mahler furchtbare Dummheiten gemacht, bei den simpelsten Stellen 3 Trompeten, Posaunen u. Tuba, die

Oboen schreibt er konstant bis ins hohe F u G, die Hörner bis ♯ F-Horn; u. das ist ein Kapellmeister. Von der orthographischen Unreinlichkeit habe ich nun auch Einsicht genommen, alles richtig. Die schrecklichsten Quinten aber am Schlusse des C-Dur-Terzettes im 3. Akt [...] sind von Weber, ich habe sie selbst in den Skizzen gesehen. Wie gesagt, ich kannte nur den ersten Akt, den mir Mahler s. Z. selbst am Klavier in heller Begeisterung vorspielte; letztere hatte sich nun auch etwas auf mich übertragen und bedauere ich also nun vielmals, daß Sie, hochverehrtester Meister, das unschuldige Opfer jugendlicher Voreiligkeit geworden sind.[14]

Leider besitzen wir kein Dokument, das den Eindruck schildert, den Mahler von Strauss und seiner Symphonie empfangen hat. Wir wissen auch nicht, wie sich die in Leipzig geknüpfte Beziehung in der Zeit, die unmittelbar auf die erste Begegnung folgte, weiter gestaltete. Mit einiger Sicherheit kann man annehmen, daß Mahler, der im Frühjahr 1888 vorzeitig aus dem Leipziger Engagement schied und im Sommer einige Zeit in München zubrachte, bei dieser Gelegenheit auch Strauss aufsuchte. Der allererste erhaltene Brief von Mahler an Strauss (M 1) macht einen solchen Kontakt wahrscheinlich. Möglicherweise hat Strauss sogar den Versuch unternommen, Hermann Levi zur Aufführung von Mahlers I. Symphonie zu bewegen, die im März 1888 vollendet worden war, soweit ein »dritter Kapellmeister« einen »ersten« zu irgend etwas bewegen konnte. In einem von Straussens Erinnerungsheften ist zu lesen:

Ich besuchte ihn [Levi] öfters in seiner Wohnung, wo schöne Feuerbachs, Böcklin, Thoma hingen, und spielte [mit] ihm einmal den humoristischen Trauermarsch aus Mahlers I Sinfonie (etwa 1888) aus der Manuscriptpartitur 4händig vom Blatt.[15]

Im Oktober 1888 wurde Mahler als Operndirektor nach Budapest berufen, ein Amt, das ihn so vollständig in Anspruch nahm, daß aus diesem Lebensabschnitt merkbar weniger Briefe von ihm überliefert sind als aus früheren oder späteren Jahren. Der einzige erhaltene Brief von Mahler an Strauss aus der Budapester Zeit (M 2) bestätigt jedenfalls, daß der Kontakt zwischen ihnen nicht völlig abgerissen ist und daß auch persönliche Begegnungen stattgefunden haben.

Herbst 1891: Wir finden Mahler – aus Budapest hinausintrigiert – als ersten Kapellmeister am Stadttheater Hamburg und Strauss – aus seiner Vaterstadt München hinausgeekelt – als zweiten Kapellmeister in Weimar. Wie schon oft hatte Hans von Bülow helfend in die Karriere des jungen Strauss eingegriffen und ihn an den großherzoglichen Intendanten in Weimar empfohlen. Bülow selbst, damals schon alt und kränklich, leitete die philharmonischen Konzerte in Berlin und einen Konzertzyklus in Hamburg, wo er seinen Wohnsitz hatte. Die Stadt schwirrte von Bülow-Anekdoten, er und sein origineller Witz waren Gesprächsthema in allen musikalischen Zirkeln, und da er sich überdies von seinen früheren Göttern Liszt und Wagner ab- und dem aus Hamburg gebürtigen Brahms zugewendet hatte, wurde er wie ein höheres Wesen verehrt. Mahler sah nun die Gelegenheit gekommen, den seit Jahren vergeblich erstrebten Kontakt mit Bülow herzustellen, von ihm als Komponist bestätigt, vielleicht sogar aufgeführt zu werden. Verhältnismäßig rasch gelang ihm, sich als Dirigent den Respekt Bülows zu erwerben. Ein Lorbeerkranz gab davon Zeugnis, auf dessen

Schleife die Worte standen: »Dem Pygmalion der Hamburger Oper. Hans von Bülow«. Auch im Konzert zeigte Bülow, seinem exaltierten Wesen gemäß in aller Öffentlichkeit, wie sehr er den jungen Kollegen schätzte. Er drehte sich beim Dirigieren nach ihm um, reichte ihm die Partitur zu und machte ihn auf besondere Stellen aufmerksam. Im Herbst 1891 hatte Mahler die Möglichkeit, ihm eine seiner Kompositionen auf dem Klavier vorzuspielen, und wählte den ersten Satz der damals noch unvollendeten c-Moll-Symphonie. Während des Spielens blickte er auf und merkte, daß Bülow sich die Ohren zuhielt.

Dieses Erlebnis – Zusammenbruch einer lange genährten Hoffnung – hat Mahler mehrfach in Gesprächen und Briefen geschildert, darunter auch in einem Brief an Richard Strauss (M 3). Dieser Brief ist in einem zutraulichen, fast freundschaftlichen Ton gehalten, was darauf schließen läßt, daß die beiden Komponisten einander in letzter Zeit nähergekommen waren. Mahler mußte wissen, daß seine Stellung in Hamburg viel bedeutender und auch besser dotiert war als Strauss' Stellung in Weimar. Wenn er sich dennoch als den Verkannten und überall – nun auch von Bülow – Zurückgewiesenen darstellt, zeigt uns dies, daß ihm nur kompositorische Erfolge als wahre Erfolge galten. Der Freund, dem Mahler sein Leid klagte, war allerdings nicht mehr der Richard Strauss der f-Moll-Symphonie, sondern ein »Zukunftsmusiker«. Er war der väterlichen Musikerziehung und der strengen Form überhaupt untreu geworden und hatte sich mit »Programmatischen Orchesterwerken« wie der symphonischen Fantasie »Aus Italien« und den Tondichtungen »Macbeth«, »Don Juan« und »Tod und Verklärung« ebenso rasch den Konzertsaal erobert – obwohl es nicht an Attacken kon-

servativer Kritiker fehlte – wie vordem mit seiner Bläserserenade und seiner Symphonie. Wenn nun Mahler in
demselben Brief, in dem er Bülows Ablehnung mitteilt,
Strauss um die Partituren von »Don Juan« und »Tod und
Verklärung« bittet, dann erweckt dies den Eindruck, als
habe Mahler nach dem Erfolgsrezept gesucht, das er ent-
behrte und das Strauss seiner Meinung nach kannte. Vermutlich hat Mahler in solcher Stimmung die Zeile »Symphonie in C-Moll« auf dem Deckblatt der 1888 entstan-
denen Partitur durchgestrichen und durch den Titel
»Todtenfeier« ersetzt. Am 14. Oktober 1891 bot er den
derart etikettierten Symphoniesatz dem Verlag Schott als
»Symphonische Dichtung« zur Veröffentlichung an[16].
Daraus läßt sich ablesen, daß Mahler zu jener Zeit den
Gedanken, die Symphonie zu vollenden, also dem ersten
Satz weitere Sätze hinzuzufügen, aufgegeben hatte und
der von Strauss eingeschlagenen Richtung gemäß eine
einsätzige symphonische Dichtung vorlegte. Gewiß war
es auch solcher Koketterie mit der vermeintlich zwingen-
den Mode zuzuschreiben, daß Mahler die im Jahre 1889
in Budapest uraufgeführte – und durchgefallene – I. Symphonie bei einer Revision im Jahre 1893 mit literarischen
Titeln versah, die er von Jean Paul (»Titan«) und E. T. A.
Hoffmann (»... in Callots Manier«) borgte und damit ein
Programm suggerierte, das der Musik so wenig nützte,
daß er die Titel später wieder zurückzog.
Auf Mahlers lamentablen Brief vom Herbst 1891 scheint
Strauss – seine Antwort ist wie fast alle aus jener Periode
verschollen – sehr kollegial und freundlich reagiert zu haben. Wie aus einem Schreiben vom Oktober 1893 (St 1)
hervorgeht, hat Strauss seinen Kollegen zwei Jahre zuvor
aufgefordert, ihm Partituren einzusenden, und möglicherweise auch die Vermittlung einer Aufführung in Aussicht

gestellt. Jedenfalls scheint Strauss in diesem leider nicht zugänglichen Brief zum erstenmal die Haltung eingenommen zu haben, die er Mahler gegenüber bis zu dessen Tod bewahrte und deren er sich auch in seinen Erinnerungsheften rühmte: die des Entdeckers und Förderers, der dafür sorgte, daß Mahlers aufwendige Riesenpartituren nicht unaufgeführt in der Schublade blieben.

Hinter Mahlers Schwanken zwischen Symphonie und symphonischer Dichtung und hinter dem Spiel mit phantasievollen Titeln lag ein Problem, das Mahler selbst viele Jahre lang zu schaffen machte und das bis zum heutigen Tag die Musikwissenschaft beunruhigt, das Problem des Programms in seiner Musik. Constantin Floros [17] hat den Nachweis zu führen versucht, daß Mahler zu Unrecht unter die absoluten Musiker gereiht werde und vielmehr als typischer Programmusiker zu betrachten sei. In seiner Beweisführung stützt sich Floros vor allem auf mündliche und schriftliche Äußerungen Mahlers vor 1900, in welchem Jahr er dem Programm für jetzt und alle Zeiten abschwor. In diesen Äußerungen bekennt sich Mahler zu einem »inneren Programm« seiner Werke und betont, daß es ihm bei der Konzeption der II. Symphonie »nie um Detaillierung eines Vorganges, sondern höchstens einer Empfindung« [18] zu tun gewesen sei. Genau betrachtet war Mahler mit dieser Selbstdarstellung gar nicht so weit von Strauss entfernt, der über das Programm der symphonischen Fantasie »Aus Italien«, das er selbst verfaßt hatte, nachträglich folgendes schrieb:

Bei der erschreckenden Urteils- und Verständnislosigkeit eines großen Teils der heutigen Männer der Feder lassen sich solche, wie auch ein großer Teil des Publikums, durch vielleicht blendende, rein nebensächliche Äußerlichkeiten meines Werkes über den eigentlichen

Inhalt desselben täuschen, ja übersehen ihn vollständig. Dieser besteht in Empfindungen beim Anblick der herrlichen Naturschönheiten Roms und Neapels, nicht Beschreibungen derselben [...][19]

Trotz dieses Gleichklangs dürfen die fundamentalen Unterschiede in den Auffassungen Mahlers und Strauss' nicht übersehen werden. Diese zeigen sich unter anderen in der Einstellung zu den Tondichtungen von Franz Liszt. Im Sommer 1893, als Mahler der »Todtenfeier« doch einen zweiten und dritten Satz hinzufügte – zwei weitere sollten noch folgen –, sprach er zu seiner Freundin Natalie Bauer-Lechner über seinen Entschluß, an der traditionellen Bezeichnung »Symphonie« festzuhalten:

Ich habe schon so darüber nachgedacht, [...] wie ich meine Symphonie nennen soll, um durch den Titel nur etwas auf den Inhalt hinzuweisen und, mit einem Worte wenigstens, meine Absicht zu kommentieren. Aber mag sie immer »Symphonie« heißen und nichts weiter! Denn Benennungen wie »symphonische Dichtung« oder »symphonisches Gedicht« sind abgebraucht, ohne daß sie etwas Rechtes sagten, und man denkt dabei an Lisztsche Kompositionen, wo, ohne tieferen Zusammenhang, jeder Satz für sich etwas malt.[20]

Mahlers Abneigung gegen Liszt ist um so erstaunlicher, als er seit seiner Studienzeit in Wien fanatischer Wagnerianer war und die Parteinahme für Wagner und Liszt in jener Zeit Hand in Hand zu gehen pflegte. Im Alter von siebzehn Jahren, als Strauss, noch ganz unter dem Einfluß seines Vaters, Wagner verdammte und sich bei »Siegfried« langweilte »wie ein Mops«, war Mahler schon Mitglied des Wiener Akademischen Richard Wagner-Vereins. Dennoch hat er nie den Weg zu Liszt und dessen »neudeutscher Schule« gefunden.

Mahler erzählte, daß er ganz entgegengesetzter Ansicht über Liszt sei als Strauss. »Als wir das letztemal zusammentrafen, sagte er [Strauss] mir, er habe früher so wenig von Liszt gehalten wie ich, sei aber nachträglich zur höchsten Schätzung seiner Werke gelangt. Dazu werde ich nie kommen. Der dürftige Gehalt und das scheinhafte Machwerk seiner Kompositionen liegt, wenn man näher zusieht, so am Tage, wie die Fäden eines schlecht gewobenen Kleides nach kurzem Tragen hervortreten und überall fühlbar werden.«[21]

Strauss war von seinem Vater, dem Hornisten Franz Strauss, in äußerstem musikalischen Konservatismus erzogen worden, in der Anbetung Haydns, Mozarts, Beethovens, Mendelssohn-Bartholdys und der Verdammung Franz Liszts und Richard Wagners. Als der einundzwanzigjährige Strauss unter Bülow, der damals längst nicht mehr Wagnerianer war, in Meiningen wirkte, machte er die Bekanntschaft des Komponisten Alexander Ritter, der im Meininger Orchester als Musiker tätig war. Ritter, der nachher ebenso wie Strauss in München lebte, bekehrte den Sohn des Wagner-Gegners Franz Strauss zu Wagner und zu Liszt. Er setzte ihm die kunstgeschichtliche Bedeutung dieser Komponisten auseinander, hielt ihn zur Lektüre von Wagners Schriften an und stattete ihn nebenbei auch mit all der Intoleranz aus, die den »Neudeutschen« nicht minder anhaftete als ihren Gegnern. Richard Strauss' Talent war zu stark und originell, als daß er durch die Ritterschen Unterweisungen zum bloßen Nachahmer Wagners oder Liszts geworden wäre. Was er davon als Prinzip seines eigenen Schaffens annahm, hat er selbst in seinem Aufsatz »Aus meinen Jugend- und Lehrjahren« formuliert:

Neue Gedanken müssen sich neue Formen suchen –

dieses Lisztsche Grundprinzip seiner sinfonischen Werke, in denen tatsächlich die poetische Idee auch zugleich das formbildende Element war, wurde mir von da ab der Leitfaden für meine eigenen sinfonischen Arbeiten.[22]

Die deutliche Annäherung zwischen Mahler und Strauss im Jahre 1891 erlitt eine Unterbrechung. Strauss erkrankte Anfang Mai 1892 an einer Lungenentzündung und verbrachte im Anschluß daran fast ein ganzes Jahr im Süden.

Die Saison 1893/94, in der Strauss seinen Dienst in Weimar wiederaufnahm, hatte im deutschen Musikleben eine Veränderung gebracht. Hans von Bülow war so krank und hinfällig geworden, daß er seine Berliner und Hamburger Konzertzyklen nicht dirigieren konnte. Aus Rücksicht auf den Patienten suchte der Veranstalter Hermann Wolff vorerst keinen Nachfolger, sondern berief für nahezu jedes Konzert einen anderen musikalischen Leiter. Strauss dirigierte zwei der Berliner Konzerte; im Hamburger Abonnementzyklus übernahmen Strauss und Mahler je einen Abend. Diese Entwicklung bot Anlaß für eine äußerst intensive Korrespondenz, von der bedauerlicherweise wieder nur Mahlers Anteil erhalten ist, sowie für eine persönliche Begegnung zwischen Strauss und Mahler im Januar 1894. Strauss schrieb am 22. Januar 1894 aus Hamburg an seine Eltern:

Gestern war Generalprobe hier, die sehr gut ging und wo dem Publikum (horribile dictu) der »Mazeppa« am besten gefallen hat. Ich bin viel mit Mahler zusammen, der sehr reizend ist, eine famose Aufführung der »Verkauften Braut« dirigiert hat, und einem Dr. Behn, die mich durch ihre Gastfreundschaft sehr verwöhnen.

> Zweimal war ich bei Bülow, der sich das zweitemal
> zeigte und eine Stunde bei uns saß [...]²³

Nicht nur Mahlers persönliches Verhalten, auch seine
Briefe aus dieser Zeit zeigen sein Bestreben, sich dem
Kollegen gefällig zu erweisen. Er lud ihn ein, bei seinem
nächsten Besuch in Hamburg bei ihm zu wohnen; er
machte den Vorschlag, Strauss möge die Uraufführung
seines Bühnenerstlings »Guntram« dem Stadttheater
Hamburg überlassen; er schilderte seine Anstrengungen,
Direktor Bernhard Pollini zur Annahme dieses Werks zu
überreden; er bot Strauss aus eigener Tasche 1000 Mark
an zur Bezahlung der Kopisten. Und das alles, ehe er
»Guntram«, das heißt die Partitur, kannte, bloß auf den
Namen Strauss und den Eindruck hin, den Strauss ihm in
Hamburg am Klavier vermittelt hatte. Mahler war also in
ähnlicher Lage wie seinerzeit Strauss gegenüber den
»Drei Pintos«, die er Bülow etwas voreilig angepriesen
hatte, und Mahler hat in ähnlicher Weise seine Einstellung zu »Guntram« korrigiert, vermutlich auf Grund der
Aufführung, die er im Mai 1894 in Weimar sah. An einen
nicht bekannten Adressaten und über ein nicht identifi-
ziertes Werk schrieb Mahler den folgenden Satz:

> Etwas so kindisch Unreifes und zu gleicher Zeit an-
> maßliches Produkt ist mir außer »Guntram« noch
> nicht vorgekommen. ²⁴

Dieses Verdikt betraf aber offensichtlich nicht die orchestralen Teile der Oper, denn Mahler setzte die Vorspiele
zum ersten und zweiten Akt des »Guntram« nicht bloß in
Hamburg, sondern 1899 auch in Wien aufs Programm, ja
sogar noch ein Jahrzehnt danach in New York.
Mahler hat sich auch nach der Weimarer Aufführung mit
dem ganzen Gewicht seiner Person für die Einstudierung
des »Guntram« am Hamburger Stadttheater eingesetzt.

Direktor Pollini lehnte das Werk ab. Vielleicht beruhte seine Abwehr auf gesundem Theaterinstinkt, denn »Guntram« konnte sich auf keiner Bühne durchsetzen, vielleicht aber spielten auch die Engagementverhandlungen eine Rolle, die Pollini mit Strauss geführt hatte. Dies ist eine nicht recht durchschaubare und unerquickliche Episode in der Beziehung Strauss–Mahler, unerquicklich, weil beide nicht restlos aufrichtig agierten. Mahlers erster Vertrag mit dem Hamburger Stadttheater war im Auslaufen, und Strauss, der engen Weimarer Verhältnisse überdrüssig, hielt nach einem neuen Kapellmeisterposten Ausschau. Eigentlich wollte er – in gehobener Position – zurück nach München, doch der Abschluß der Verhandlungen zog sich trotz vieler Versprechungen ungebührlich in die Länge. In dieser Situation begannen seine Gespräche mit Direktor Pollini, wobei unbekannt ist, ob Strauss an Pollini oder Pollini an Strauss herantrat. Schon am 2. Januar 1894 berichtete er dem Vater von seinen Plänen und nannte sogar die Höhe des in Aussicht stehenden Jahreseinkommens:

> Ob ich hier [in Weimar] oder in Hamburg viel Arbeit und Ärger habe, ist egal; nicht aber, ob ich in Hamburg 12000 M Gage oder in Weimar 3000 habe.[25]

Obwohl seine Verhandlungen mit Pollini dieser Mitteilung zufolge schon im Dezember 1893 begonnen haben müssen, setzte Strauss erst Anfang Februar Mahler davon in Kenntnis. Wir wissen, daß er am 22. Januar ein Konzert in Hamburg dirigierte und bei dieser Gelegenheit viel mit Mahler zusammen war. Trotzdem verlegte er die Information in die Korrespondenz – der Brief von Strauss an Mahler ist nicht erhalten – und wählte, was kaum ein Zufall ist, den Tag, nachdem er Mahler eine erfreuliche Botschaft gesandt hatte, nämlich die Nachricht von der

Aufführung seiner I. Symphonie in Weimar. Mahler zeigte sich von den Verhandlungen zwischen Pollini und Strauss äußerst betroffen (M 11, M 12), konnte aber bereits nach wenigen Tagen melden, daß Pollini ihm einen neuen Vertrag angeboten habe, in dem alle seine Bedingungen akzeptiert waren (M 13). Dies weckt den Eindruck, als habe Mahler in seiner Angst um die Hamburger Stellung einige Abstriche und Konzessionen gemacht und damit Pollini zu einem raschen Vertragsabschluß verleitet. Daß Pollini jemals die Absicht hatte, Strauss und Mahler gleichzeitig an sein Theater zu verpflichten, ist sehr unwahrscheinlich, und diesbezügliche Spekulationen (M 13) wurden von Mahler wohl nur vorgebracht, um Strauss hinter kollegialen Worten zu verbergen, daß er ihn ausgestochen hatte. Wenn Mahler auch sehr schlau erscheint, noch schlauer war in dieser undurchsichtigen Angelegenheit Direktor Pollini. Denn zweifellos handelte es sich, wie Mahler auch vermutete, um einen von Pollinis Schachzügen, um Mahler aus seiner »jetzigen superioren Stellung zu verdrängen« (M 12). Am 7. Februar, als der neue Vertrag eben unter Dach und Fach war, schrieb Mahler an einen Budapester Kollegen, den Komponisten Ödön von Mihalovich. Er schickte ihm ein Opernmanuskript zurück, mit dem sich dieser um eine Aufführung in Hamburg beworben hatte, und tat so, als wäre er im Begriff, Hamburg zu verlassen.

Mein Vertrag mit Pollini geht heuer zu Ende [...] Nicht, als ob Pollini sich nicht bemüht hätte, mich wieder zu engagiren. Er wäre auch zu allen materiellen Opfern bereit gewesen; aber gerade meinen künstlerischen Forderungen, welche, wie Sie ja wissen, mir weit über meine persönlichen Interessen gehen, gibt er vor, nicht erfüllen zu können, und so bin ich nun schon entschlossen, wieder einmal den »Staub von den Schuhen zu schütteln«! So viel ich weiß, sind schon Unterhandlungen mit *Strauss* in Weimar angeknüpft, welcher, wie er mir sagte, Lust hätte, mein Nachfolger hier zu werden. Ich bedauere den armen Kerl schon jetzt, denn, so weit ich diesen famosen Menschen kenne, ist auch er nicht der Mann der Concessionen.[26]

Das war das erste und letzte Mal, daß Mahler und Strauss einander als Konkurrenten gegenübertraten. Sie haben es einander nicht nachgetragen. In einem Brief an seine Schwester Justine bekannte Mahler sogar, daß er Strauss gerne seinen Hamburger Posten überlassen hätte, wäre für ihn nur irgendwo ein anderes Plätzchen frei gewesen (siehe S. 152). Und Strauss bekam schließlich, was er von Anfang an gewollt hatte, den Kapellmeisterposten in München, den er im Herbst 1894 antrat.

Am 12. Februar 1894 starb in Kairo, wo er Heilung gesucht hatte, der große alte Mann der deutschen Musikszene, Hans von Bülow. Er war der Schwiegersohn von Franz Liszt, der erste Gatte von dessen Tochter Cosima; er war der Prophet Richard Wagners, dem Wagner die Gattin wegnahm; er war als Reaktion auf seine Wagner-Erfahrungen zum Freund und Förderer von Johannes Brahms geworden; er war der Entdecker von Richard Strauss und der Verkenner Gustav Mahlers. Strauss war seinem Einfluß längst entwachsen, wahrte seinem Mentor aber ein ehrendes Andenken, wie in seinen »Erinnerungen an Hans von Bülow« nachzulesen ist:

[...] seine rührende Sympathie für mich, sein Einfluß auf die Entwicklung meiner künstlerischen Fähigkeiten war, außer der Freundschaft Alexander Ritters, der zum Kummer meines guten Vaters einen Wagnerianer aus mir machte, das einschneidendste Moment in meiner Laufbahn. [27]

Mahlers Erinnerungen an Bülow waren anderer Art; er hat sie nicht in Worte gefaßt. Zu Ehren des großen Toten dirigierte er Beethovens »Eroica« und empfing beim Trauergottesdienst in der Hamburger Michaeliskirche den geistigen Anstoß zum Finalsatz der II. Symphonie, was den Psychoanalytikern zu denken gab [28]. »Aufersteh'n, ja aufersteh'n wirst du mein Fleisch nach kurzer Ruh...«

In der folgenden Saison, 1894/95, traten die von Bülow so ungleich behandelten jungen Kapellmeister Bülows Erbe an. Mahler übernahm den Zyklus der Neuen Abonnement-Konzerte in Hamburg, Strauss die Philharmonischen Konzerte in Berlin. Die beiden Kronprinzen, offenbar zu waghalsig und zu unerfahren, konnten ihre Positionen allerdings nur diese eine Saison lang halten.

Noch im Frühjahr 1894 gelang es Strauss, seinen Freund Mahler zu fördern. Er erwirkte bei seinem Vorgesetzten, dem Weimarer Intendanten Hans Bronsart von Schellenberg, eine Aufführung von Mahlers I. Symphonie. Bronsart war seit einigen Jahren Vorsitzender des Allgemeinen Deutschen Musikvereins und hatte bei der Programmgestaltung der alljährlich stattfindenden Musikfeste ein gewichtiges Wort mitzureden. Im Jahre 1894 sollte dieses Musikfest – etwas deutschtümelnd »Tonkünstlerversammlung« benannt – in Weimar stattfinden. Strauss erklärte sich bereit, die Vorproben der I. Symphonie zu übernehmen, da Mahler erst knapp vor der Aufführung von Hamburg abkömmlich war.

Kurz vor der Reise nach Weimar schrieb Mahler seiner Schwester Justine, die sein ganzes Vertrauen genoß, einen

Brief, in dem er auch seine Beziehung zu Strauss darstellte.

[...] Mit Strauss war ich sehr viel beisammen. Ich
müßte jedoch lügen, wenn ich sagen wollte, daß zwischen uns sich viel Berührungspunkte ergeben haben.
– Ich sehe immer mehr und mehr, daß ich unter den
heutigen Musikern ganz allein dastehe. Unsere Ziele
gehen auseinander. Ich von meinem Standpunkt kann
überall nur entweder altclassischen oder neudeutschen
Zopf erkennen. Kaum ist Wagner anerkannt und verstanden, so kommen schon wieder die (alleinseligma-
chenden Pfaffen) und führen auf dem ganzen Terrain
die Schutzwälle gegen das wahre Leben auf, das doch
immer darin besteht, daß man das Alte, selbst wenn
[es] auch größer und bedeutender ist, als das Neue, immer wieder umgestaltet und aus den Bedürfnissen des
Moments neu erschafft. Strauss vornehmlich ist ganz
Pope, Papst! Aber immerhin ein lieber Kerl, soweit ich
ihn erkennen konnte. Ob alles echt ist, muß sich erst
erweisen. Dies ist alles *unter uns* gesagt, denn er ist »unter allen Göttern mein einziger Freund« – und ich will
mir es nicht noch mit ihm verderben. Er hat übrigens
ein bischen auf meine Nachfolgerschaft hin speculirt –
und ich hätte sie ihm für mein Leben gerne abgetreten,
wenn ich nur ein Plätzchen zum Unterkommen gefunden hätte. – Ich habe nach dieser Richtung *alles* versucht
und mir nichts vorzuwerfen. Aber es scheint doch, daß
mein Judenthum mir derzeit alle Thüren verschließt
[...] Dabei habe ich freilich noch Glück, denn schließlich, wie Du ja an Strauss siehst, ist der hiesige Posten
nicht der schlechteste [...][29]
Um Mahlers grundsätzliche Reserviertheit gegenüber
dem »lieben Kerl« zu verstehen, muß man sich vergegen-

wärtigen, wie intolerant sich Strauss zu jener Zeit gebärdete und wie sehr der »neudeutsche Zopf« ihm die Sicht auf die musikalische Szenerie nahm. Die Neudeutsche Schule war, Wagner eng verbunden, unter Führung Franz Liszts entstanden und hatte die symphonische Programmusik in den Mittelpunkt ihres Schaffens gestellt. Durch den von Liszt ins Leben gerufenen Allgemeinen Deutschen Musikverein wurden diese Werke verbreitet, durch die »Neue Zeitschrift für Musik« propagiert. Unter Alexander Ritters Einfluß gelangte auch Strauss in den Sog dieser Bewegung. Ihre Einseitigkeit lag nicht in der Verherrlichung Liszts und der Programmusik, sondern in der Verfemung aller außerhalb stehenden Richtungen. Zu den gültigen Komponisten zählten Beethoven, Weber, Berlioz, Wagner und natürlich Liszt selber. Die Italiener waren verpönt, ebenso – wenn man von Hector Berlioz absieht – die Franzosen, und von den Slawen allenfalls Smetana anerkannt. Der Erzfeind aber, Zielscheibe aller Angriffe und Verhöhnungen, war Johannes Brahms. Im Februar 1894 war Mahler Zeuge geworden, wie Strauss ein Konzert in Hamburg absagte, weil man ihm zugemutet hatte, im Gedenken an Bülow auch ein Werk von Brahms zu dirigieren.

Mahler war, obwohl Wagnerianer, ein undoktrinärer Musiker. Er trat für Peter Iljitsch Tschaikowsky und Bedřich Smetana ein; er zählte zu den Bewunderern Mascagnis; er nahm sich mit Liebe einer – heute vergessenen – Oper wie »Joseph und seine Brüder« von Étienne Méhul an und schrak nicht einmal vor Giacomo Meyerbeer zurück. Dem Werk, das er gerade einstudierte, gehörten seine ganze Hingabe und Sorgfalt. Gewiß hat Mahler auch die III. Symphonie von Brahms, die er den Hamburgern bot, mit Begeisterung einstudiert, denn er schätzte Brahms, obwohl er seit seinen Studientagen zu den Jüngern Anton Bruckners gehörte. Mahler hat sich zeit seines Lebens allen Richtungskämpfen ferngehalten und nur für Qualität Partei ergriffen. Selbst seine Abneigung gegen Liszt hinderte ihn nicht, dessen »Legende von der heiligen Elisabeth« zu würdigen und aufzuführen.

Bei der XXX. Tonkünstlerversammlung des Allgemeinen Deutschen Musikvereins in Weimar wurden die Opern »Guntram« von Richard Strauss und »Hänsel und Gretel« von Engelbert Humperdinck vorgestellt. Das symphonische Hauptwerk des Festes war Mahlers I. Symphonie, die damals den Titel »Titan« trug. Die Aufnahme des Werks war ungünstig: wegen der unzulänglichen Vorbereitung, wegen der verwirrenden Titel, die sich Mahler bei der Revision der Partitur ausgedacht hatte, gewiß aber auch wegen der formalen Schwierigkeiten, die dieses Werk den Hörern von einst bereitete. Es blieb bis zu Mahlers Lebensende das Schmerzenskind unter seinen symphonischen Sprößlingen. Ein Hamburger Freund sammelte die zumeist negativen Kritiken und sandte sie Mahler an dessen Urlaubsort am Attersee nach. Mahler bestätigte Mitte Juni den Empfang:

Schönsten Dank für die Zusendung der Recension[en]! Ich habe mich köstlich unterhalten. Die putzigsten kennen Sie gar nicht, die kamen mir von anderer Seite zu. [...] *Str.* ist *nicht* über jeden Verdacht erhaben! Sein Leibkritikus ist der Verfasser der *schlechtesten* Recensionen![30]

Was zwischen Strauss und Mahler in Weimar vorgegangen war und was Mahler veranlaßte, diesen ungeheuerlichen Verdacht gegen Strauss – denn nur er kann gemeint sein – zu hegen und auszusprechen, ist unbekannt. Auch wer mit dem Leibkritikus gemeint ist, läßt sich nicht eindeutig feststellen. Am ehesten würde dieses Epitheton auf Arthur Seidl passen, einen Jugendfreund von Strauss, oder auch auf den Berliner Musikredakteur Otto Lessmann. Möglicherweise hat Strauss bei den Proben oder nach der Aufführung des »Titan« eine kritische Äußerung gemacht, auf die Mahler empfindlich reagierte. Er hat – wie wir noch sehen werden – auch in seinen Reifejahren keine Kritik von Strauss ertragen, obwohl ihn die Meinung anderer sonst wenig kümmerte. Die Einwände, die Strauss gegen die Symphonie erhob, sind uns bekannt, weil er sie Mahler auch schriftlich mitteilte. Zwar ist der Brief von Strauss verschollen, doch Mahlers Antwort gibt darüber Aufschluß, daß Strauss zu einer Kürzung des Finalsatzes geraten hatte, was Mahler mit einer ausführlichen Begründung ablehnte (M 19).

Aus dieser Empfehlung darf allerdings nicht geschlossen werden, daß Strauss der I. Symphonie grundsätzlich nichts abgewinnen konnte. Der Kritiker Ernst Otto Nodnagel, der das Werk am 3. Juni 1894 in Weimar hörte und gänzlich mißverstand, berichtete später, daß Strauss zur geringen Zahl derer gehört habe, die »Lied und Weise neu, doch nicht verwirrt« fanden[31]. Man könnte sogar sagen, daß Strauss die I. Symphonie neben seinem Lieblingswerk, der IV. Symphonie, unter allen Werken Mahlers am meisten geschätzt hat.

Der Mißerfolg der I. Symphonie in Weimar hielt Strauss nicht davon ab, innerhalb seines Berliner Konzertzyklus, den er in Bülows Nachfolge leitete, ein weiteres Werk von Mahler aufs Programm zu setzen, die drei instrumentalen Sätze der II. Symphonie. Da Strauss in Berlin ein Neuling und Mahler so gut wie unbekannt war, bedeutete dies ein Risiko, doch wurde Strauss offenbar durch den Konzertveranstalter Hermann Wolff dazu ermutigt. Auf das Programm seines 49. Philharmonischen Konzerts vom 4. März 1895 setzte Strauss also die ersten drei Sätze der ungedruckten Symphonie und lud Mahler ein, die Uraufführung selbst zu dirigieren. Bei diesem Konzert war auch der österreichische Komponist Wilhelm Kienzl anwesend, der zwischen Strauss und dem Dirigenten Carl Muck in der Loge saß.

Das in den Bässen mit Wucht einsetzende, breit ausladende Thema des ersten Satzes imponierte mir. Im weiteren Verlaufe des mich unentwegt fesselnden Satzes machten sich allerlei harmonische und instrumentale Kühnheiten bemerkbar, besonders eine hartnäckig dissonierende Fortissimostelle der Blechbläsergruppe. Richard Strauss, der während dieser Nummer als Dirigent pausierte, hatte Muck und mich eingeladen, in einer leergebliebenen offenen Loge Platz zu nehmen, um mit uns gemeinsam Mahlers Werk zu genießen. Bei der erwähnten Blechstelle wendet sich der links von mir sitzende Strauss mit begeistertem Augenaufschlag zu mir: »Glauben Sie mir, es gibt keine Grenzen des musikalischen Ausdrucks!« Gleichzeitig verzieht Muck an meiner rechten Seite sein Gesicht mit dem unverkennbaren Ausdrucke des Abscheus, und nur das eine Wort: »Scheußlich!« entfährt dem Gehege seiner Zähne. Ich, »das Weltkind in der Mitten«, konnte bei dieser Gelegenheit Betrachtungen über die Gegensätzlichkeit von Kunstwirkungen auf verschieden veranlagte Naturen und über die eminente Subjektivität alles Kunstgenießens anstellen.[32]

Das Echo auf Mahlers c-Moll-Symphonie war negativ, und Strauss erinnerte sich noch Jahrzehnte danach, daß ihn Otto Lessmann, der Herausgeber der »Allgemeinen

Musikzeitung«, mit den Worten beschimpft habe, »den Altar, den Bülow geweiht hat, haben nunmehr Pygmäen besudelt«[33].

Lessmann, der im Allgemeinen Deutschen Musikverein eine Rolle spielte, und die ihm Gleichgesinnten sorgten wohl auch dafür, daß der Name Mahler auf den Programmen der Tonkünstlerversammlungen sieben Jahre nicht aufschien. Strauss hingegen zählte unbeirrt zu den Bewunderern der II. Symphonie und empfahl seinem Vater, sie zu hören, als Mahler sie im Herbst 1900 in einem Konzert des Hugo-Wolf-Vereins dirigierte:

> Am 20. Oktober dirigiert ja Mahler seine c-moll-Sinfonie in München, ein sehr interessantes Werk. Willst Du die Hauptprobe hören, brauchst Du nur an Arthur Seidl (den Schriftführer des Hugo Wolfvereins) ein paar Zeilen zu schreiben.[34]

In den Jahren 1895 und 1896, als ihr Briefwechsel nach der schreibfreudigen »Guntram«- und »Titan«-Zeit wieder spärlicher wurde, beschäftigten sich die beiden Komponisten zum ersten- und letztenmal in ihrem Leben mit der gleichen künstlerischen Aufgabe, mit der Vertonung Friedrich Nietzsches. Wie unterschiedlich Zugang und Temperament waren, wie unterschiedlich auch ihre Auffassungen von Nietzsche, läßt sich den zwei Werken ablauschen, die dieser philosophisch-musikalischen Auseinandersetzung entsprungen sind. Strauss schuf seiner Richtung gemäß eine einsätzige Tondichtung von gut halbstündiger Dauer mit dem Titel »Also sprach Zarathustra«. Es ist sein ernstestes, sprödestes, am meisten der absoluten Musik verhaftetes Werk aus jener Zeit. Mahler komponierte eine sechssätzige Symphonie von anderthalb Stunden Dauer, die ursprünglich mit Satz- und Nebentiteln ausstaffiert war und »Meine fröhliche Wis-

senschaft« heißen sollte. Bei Drucklegung jedoch war
Mahler bereits unter die erklärten Gegner aller Programme gegangen und ließ die sorgsam ausgedachten und oft-
mals veränderten Überschriften samt und sonders weg.
Von Nietzsche blieb nur das Gedicht »O Mensch! Gib
acht!« aus dem »Zarathustra«, das, einer Altstimme anvertraut, den vierten Satz der Symphonie bildet.
Während Strauss seine Gedanken und Empfindungen bei
der Lektüre von Nietzsches »Zarathustra« in Musik um-
setzte, hat Mahlers III. Symphonie, wenn man vom Altsolo absieht, nur wenig mit Nietzsche zu tun. Er wollte
der gesamten Natur musikalisch Ausdruck verleihen –
vom unbelebten Felsgebirge über Blumen und Tiere bis
zum Menschen und über diesen hinaus bis zum Göttli-
chen. Der heidnische Pan oder Dionysos des ersten Satzes
könnte immerhin noch als Nietzscheaner gelten. Im letzten Satz jedoch verkörpert sich das Göttliche in christli-
cher Nächstenliebe und dem Motto: »Vater, sieh an die
Wunden mein! Kein Wesen laß verloren sein!«
Der Musikwissenschaftler Ludwig Schiedermair, der beide Komponisten in seiner Jugend persönlich kannte und
als Antipoden schilderte, hat auf ihr Gemeinsames, die
Befassung mit Nietzsche, ausdrücklich hingewiesen:

Wie Richard Strauss war auch Gustav Mahler von
Nietzsches Geistigkeit berührt. Nicht als ob beide jene
Ideen unmittelbar in Musik aufzulösen und umzuset-
zen trachteten, als daß sie vielmehr hierdurch zu
Grundgedanken ihres Schaffens inspiriert wurden.
Weitgehender als Strauss in seinem »Zarathustra« (von
1896) hat Mahler immer wieder, wie seine mündlichen
und schriftlichen Äußerungen auch an mich bezeugen,
um Nietzsches Ideenwelt gerungen, aus dem unstillba-
ren Drang heraus, dem Zwiespalt seines eigenen We-

sens zu entrinnen. So sehr sich beide in ihrer körperlichen und geistigen Konstitution voneinander trennen mochten, im Bekenntnis zu Nietzsches Künstlertum, aber auch in ihrem produktiven Verhalten zur Problematik der Programm-Musik stimmten sie doch auch miteinander überein [...]³⁵

Mahler hätte dies in seinen späteren Jahren nicht gerne gehört, denn er schwor nicht nur dem Programm ab, sondern auch Nietzsche. Als er 1906 auf einer Reise von dem Komponisten Bernard Scharlitt nach seinem »Berührungspunkt« mit Strauss, eben nach der Vertonung Nietzsches, befragt wurde, lenkte er vom eigentlichen Problem ab und sagte:

Das erklärt sich einfach daraus, daß wir beide als Musiker die sozusagen latente Musik in dem gewaltigen Werke Nietzsches herausgefühlt haben [...]³⁶

Strauss vollendete seine »Tondichtung frei nach Nietzsche« im August 1896, Mahler etwa um die gleiche Zeit den ersten Satz seiner III. Symphonie, den einzigen, der von den sechs noch fehlte. Noch im selben Jahr, Ende November 1896, dirigierte Strauss die Uraufführung des »Zarathustra« in einem Konzert der Frankfurter Museumsgesellschaft. Mahler mußte auf die vollständige Aufführung seiner Symphonie bis Juni 1902 warten und würde vielleicht noch länger gewartet haben, wäre nicht Strauss zu Hilfe gekommen. Wer hätte angesichts solcher Ungleichheit vor der Öffentlichkeit jedes Gefühl des Neides oder der Eifersucht unterdrücken können? Mahler konnte es nicht. Der tschechische Komponist Josef Bohuslav Foerster, der Mahler in seiner Hamburger Zeit nahestand, beobachtete, wie intensiv sich Mahler mit dem »Fall Strauss« beschäftigte.

Bereits damals zu Beginn unserer freundschaftlichen

Beziehungen bemerkte ich, daß Mahler in R. Strauss seinen einzigen Nebenbuhler sieht, er verschaffte sich jede seiner Partituren, die gerade in München bei J. Aibl in schneller Folge erschienen, vertiefte sich in ihr Studium, sprach von ihnen, manche treffende kritische Bemerkung fiel, allerdings jede sachlich begründet und ohne geringste Mißachtung.[37]

Mit dem nicht sehr glücklich gewählten Wort vom »einzigen Nebenbuhler« wollte Foerster wohl ausdrücken, daß Mahler in Strauss den einzigen ihm Gleichrangigen erblickte, den einzigen, der für ihn zählte. Vielleicht aber verfiel er auf diese Formulierung, weil er sich erinnerte, daß Mahler schon damals, in den neunziger Jahren, nicht frei von Eifersucht gewesen war. So wie er einst in Leipzig Arthur Nikisch um seinen Dirigentenruhm beneidet hatte, so empfand er nun die Erfolge des jungen Strauss bei der Kritik als Ärgernis, dem er mitunter Ausdruck verlieh:

Siehe Fall Strauss! Diesmal tuen sich die Herren gewaltig damit, daß es nun aus ist mit dem Verkennen des Genies; denn siehe: kaum ist er erschienen, so posaunen wir schon drein! Hurra: von nun an werden die Genies gleich bar bezahlt![38]

Zu den genannten Tondichtungen von Strauss war in den letzten Jahren ein so wirkungsvolles Stück wie »Till Eulenspiegels lustige Streiche« hinzugekommen. Mahler studierte die neuen Partituren nicht nur, um aus ihnen zu lernen, um sich zu informieren, sondern wohl auch um sich von ihnen abzugrenzen, den eigenen Klang und die eigene Form zu wahren. Die Abgrenzung erfolgte vor allem durch eine Revision seiner Einstellung zum Programm. Nicht mit einem Schlag, nicht von einem Tag auf den andern, sondern in einem längeren Prozeß. Er begann 1896 mit der Tilgung des Titels »Titan« und aller Nebentitel aus der I. Symphonie und endete mit einer radikalen Absage an Programme und alle literarischen Hilfsmittel überhaupt im Jahre 1900.

Mahler hatte freilich nie Programmusik im Strauss'schen Sinne komponiert, hatte niemals die plastische Gestik der »Eulenspiegel«-Musik erprobt. Was an seinen Werken autobiographisch empfunden war, hatte nichts mit der Selbstdarstellung von Strauss in »Ein Heldenleben« gemein. Daß die Problematik des Programms für Mahler aber doch mit seinem Verhältnis zu Strauss zusammenhing, verrät der kurze Briefwechsel Mahlers mit dem Musikpublizisten Arthur Seidl, Straussens Jugendfreund. Auch von dieser Korrespondenz ist bloß Mahlers Anteil erhalten, doch läßt sich der Inhalt von Seidls Schreiben erraten, da Mahler in seiner Antwort vom 17. Februar 1897 einige Worte zitiert.

Es ist eigentümlich, wie Sie mir in gewissem Sinn eine Aufklärung über mich selbst gegeben haben. Ganz zutreffend haben Sie meine Ziele, im Gegensatz zu denen Straussens charakterisiert; Sie haben recht, daß meine »Musik schließlich zum Programm als letzter idealler Verdeutlichung gelangt, währenddem bei Strauss das Programm als gegebenes Pensum daliegt«. – Ich glaube, damit haben Sie überhaupt an die großen Rätselfragen unserer Zeit gerührt, und zugleich das aut – aut ausgesprochen.

Mahler fährt in seinem Brief an Arthur Seidl mit der Darstellung seiner Schaffensprinzipien fort und gibt schließlich seiner Genugtuung darüber Ausdruck, daß in jüngster Zeit doch einige seiner Werke aufgeführt wurden.

Ich werde dies Strauss nie vergessen, daß er in wahrhaft hochherziger Weise den Anstoß dazu gegeben.

Mich als »Konkurrenten« zu betrachten, wird mir allerdings niemand zumuten dürfen (wie dies leider jetzt schon so oft geschieht). – Ich wiederhole Ihnen, daß ich 2 solche Leute nicht als »Subtraktions«-Exempel ansehen kann. Abgesehen davon, daß ich wohl mit meinen Werken als Monstrum dastehen würde, wenn nicht die Straussischen Erfolge mir die Bahn geöffnet, sehe ich es als meine größte Freude an, daß ich unter meinen Zeitgenossen einen solchen Mitkämpfer und Mitschaffer gefunden. Schopenhauer gebraucht irgendwo das Bild zweier Bergleute, die von entgegengesetzten Seiten in einen Schacht hineingraben und sich dann auf ihrem unterirdischen Wege begegnen. So kommt mir mein Verhältnis zu Strauss treffend gezeichnet vor. – Wie einsam müßte ich mich fühlen und wie hoffnungslos erschiene mir mein Streben, wenn ich mir nicht aus solchen »Zeichen und Wundern« den künftigen Sieg herausdeuten könnte. Wenn Sie in einer für mich so schmeichelhaften Weise uns beide als die »Gegenpole« der neuen Magnetachse bezeichnen, so haben Sie damit eine Ansicht ausgesprochen, die ich schon seit langem heimlich in mir nähre [. . .][39]

Im Herbst 1897 errang Mahler die höchste Position, die ein Opernkapellmeister in der damaligen Musikwelt erringen konnte: Kaiser Franz Joseph I. bestellte ihn mit Dekret vom 8. Oktober zum Direktor seines k. k. Hof-Operntheaters in Wien. Strauss hatte übrigens schon ein halbes Jahr vorher seinen Eltern gemeldet, daß »G. Mahler an Stelle Jahns nach Wien kommt«[40]. Strauss war noch in München, das vierte Jahr nun, als Hofkapellmeister freilich und mit den gleichen Befugnissen ausgestattet wie seinerzeit Hermann Levi, jedoch bloß durch einen

Zweijahresvertrag gesichert. Als Komponist und Dirigent eigener Werke war es Strauss indes gelungen, seinen Ruf weit über Deutschlands Grenzen hinauszutragen. In den Tagen, als Mahler sein kaiserliches Dekret empfing, dirigierte Strauss zwei Konzerte im Amsterdamer Concertgebouw, in denen er neben Werken von Beethoven, Wagner und Berlioz auch zwei eigene Tondichtungen bot. Mitte November 1897 finden wir ihn in Barcelona mit einem Programm, das drei eigene Kompositionen einschloß, und wenige Tage später, am 21. November, in Brüssel, wo er in einem populären Konzert ausschließlich Eigenes vorstellte. Gleich danach ging es nach Paris und nach London, wo Strauss-Lieder und die Tondichtungen »Till Eulenspiegel« und »Tod und Verklärung« aufgeführt wurden.

Die Situation war also nicht anders als etwa zehn Jahre vorher. Mahler hatte immer noch einen Vorsprung als Opernkapellmeister und Strauss den seinen als Komponist. Das Wiener Hof-Operntheater nahm Mahler vorerst so in Anspruch, daß er für nichts anderes Zeit fand. Er dirigierte in seiner ersten Wiener Spielzeit (1897/98) mehr als hundert Vorstellungen, dazu kamen Proben, Verhandlungen, Schreibtischarbeit. »Nehmen Sie mir es nicht übel, daß ich nicht mehr schreibe«, heißt es in dem einzigen Brief an Strauss aus jener Periode. »Ich weiß vor Arbeit nicht, wo mir der Kopf steht.« (M 27)

Im Herbst 1898 verließ Strauss München und ging mit einem Zehnjahresvertrag in der Tasche als »Königlich preußischer Kapellmeister« an die Berliner Oper. Strauss war also in der Reichshauptstadt, am Ziel seiner Wünsche, hätte man ihm zugleich auch eine Konzertreihe anvertraut. Mahler in Wien hatte in dieser Beziehung mehr Glück, denn er übernahm im Herbst 1898 zusätzlich zu seinen Opernpflichten die Leitung der Philharmonischen Konzerte. Schon in seiner ersten Saison, am 19. Februar 1899, fand ein Autorenkonzert statt, in dem Siegfried Wagner, Wilhelm Kienzl und Engelbert Humperdinck eigene Werke dirigierten. Mahler dirigierte in diesem Konzert die Vorspiele zum ersten und zum zweiten Akt von »Guntram«. Gewiß hatte ursprünglich die Absicht bestanden, Strauss selbst für die Interpretation eines Werkes zu gewinnen. Man muß daher annehmen, daß Strauss verhindert war und seinen alten Freund Mahler ersuchte, an seiner Stelle zu dirigieren. Das Fehlen jeglicher Korrespondenz im Zusammenhang mit diesem Konzert beweist, daß nicht nur Briefe von Strauss, sondern auch etliche Briefe von Mahler im Lauf der Jahre verlorengegangen sind.

Im November 1899 brachte Mahler in einem Philharmonischen Konzert die symphonische Fantasie »Aus Italien«. Auch von dieser Aufführung fehlt im erhaltenen Briefwechsel jede Spur, was wiederum auf eine Lücke schließen läßt.

Erst von 1900 an können wir wieder den gewohnten brieflichen und persönlichen Umgang zwischen Strauss und Mahler feststellen. Strauss führte am 9. April 1900 in einem Konzert des Wagner-Vereins in Berlin drei Orchesterlieder von Mahler auf. Kurz danach bot er Mahler ein Ballett zur Aufführung in der Wiener Oper an, das Mahler unbesehen akzeptierte, dessen Komposition Strauss jedoch nie ausführte (St 4, M 28). Straussens Brief enthält mehrere Nachschriften, darunter eine Warnung vor der Wiener Tantiemengesellschaft (Gesellschaft der Autoren, Komponisten und Musikverleger), an deren Spitze Mahlers Verleger Josef Weinberger stand. Strauss war damals schon damit befaßt, eine Tantiemengenossenschaft ins

Leben zu rufen, in der nur die Komponisten und nicht die Verleger bestimmen sollten.

Im Januar 1901 erschien Strauss an der Spitze des Münchener Kaim-Orchesters in Wien und brachte ein Programm mit eigenen Werken, darunter die Tondichtung »Ein Heldenleben«. Bei diesem Besuch kam es zu einer persönlichen Begegnung zwischen Strauss und Mahler, der ersten vermutlich nach längerer Zeit. Die damaligen Gespräche leiteten eine Periode enger Beziehung und reicher Korrespondenz ein, aus der glücklicherweise auch etliche Briefe von Strauss erhalten sind. Bei seinem Besuch in Wien scheint Strauss von seiner neuen Oper »Feuersnot« erzählt und wohl auch daraus vorgespielt zu haben, wie es seine Gewohnheit war, denn wir befinden uns, sobald die Korrespondenz einsetzt (M 30), schon mitten in den Erwägungen, die die Wiener Aufführung betreffen.

Anfang Juni fuhr Strauss zur XXXVII. Tonkünstlerversammlung des Allgemeinen Deutschen Musikvereins, die diesmal in Heidelberg stattfand. Sein Vorsatz war, wie er den Eltern schrieb, einige seiner Werke zu dirigieren »und Herrn von Hase in der Generalversammlung zu stürzen, vielleicht fällt mit ihm der ganze übrige Vorstand: Steinbach, Lessmann etc. Es soll eine lustige Schlacht werden [...]«[41] Aus dieser Schlacht ging Strauss als Sieger hervor: Er wurde zum Ersten Vorsitzenden des Allgemeinen Deutschen Musikvereins gewählt, und vom alten Vorstand blieb nur Otto Lessmann übrig. Der gestürzte Herr von Hase war übrigens Leiter eines Verlagshauses (Breitkopf & Härtel), gehörte also dem Stand an, den Strauss damals heftig bekämpfte. Mit der Wahl von Strauss zum Vorsitzenden begann eine neue Etappe in der Geschichte des altehrwürdigen Musikvereins, die für die

Entwicklung und Verbreitung neuer Musik von großer Bedeutung war. Richard Strauss, in seiner Weimarer Zeit noch ein einseitiger »Pope« mit »neudeutschem Zopf«, hatte einen künstlerischen und menschlichen Reifungsprozeß durchgemacht, der ihm gebot, die Tonkünstlerversammlungen allen musikalischen Richtungen offenzuhalten. Natürlich nahm Strauss aus den rund zweihundert Kompositionen, die alljährlich eingereicht wurden, nicht selbst die Auswahl vor. In diese Arbeit teilten sich mehrere der Vorstandsmitglieder, doch Strauss gab die Fingerzeige bezüglich der Auswahlkriterien.

> Er betonte auf das bestimmteste die gemeinsame Pflicht, »sine ira et studio jeden, der nur einigermaßen Berechtigung hat, zu Wort kommen zu lassen – so sehr vielleicht persönliche Neigungen anders locken. Wir müssen uns überhaupt vor Cliquenprotektion hüten und dürfen nicht einmal den Anschein der Einseitigkeit auf uns laden«. [42]

Auch ein so unverdächtiger Zeuge wie Bruno Walter gedenkt des Allgemeinen Deutschen Musikvereins mit freundlichsten Worten.

> [...] ich möchte im Rückblick bemerken, daß die Auswahl der zeitgenössischen Werke verschiedenster Richtungen und Stile von der offenen Gesinnung der Kommission ein durchaus vorteilhaftes Bild gab. Überhaupt kann ich der Verdienste des Allgemeinen Deutschen Musikvereins um das Musikleben in Deutschland, seines frischen, fortschrittlichen Geistes und ernsten Verantwortungsbewußtseins nur mit großer Achtung gedenken. [43]

Wir kennen allerdings zumindest einen Fall, in dem Strauss unter Umgehung seiner Kommission ein Werk für die nächste Tonkünstlerversammlung annahm: die

III. Symphonie von Gustav Mahler (St 6), die, obwohl schon 1896 vollendet, bis dahin noch nicht zur Gänze aufgeführt worden war. In den folgenden Jahren wurden bei den Tonkünstlerversammlungen auch Mahlers II. Symphonie (in Basel), die »Kindertotenlieder« und andere Gesänge (in Graz) sowie die VI. Symphonie (in Essen) aufgeführt.

Im selben Jahr 1901, in das seine Wahl zum Vorsitzenden des Allgemeinen Deutschen Musikvereins fiel, übernahm Strauss in Berlin die Leitung eines Konzertzyklus. Obwohl nun fast drei Jahre schon in Berlin ansässig, hatte Strauss bisher nur ausnahmsweise Gelegenheit gefunden, Konzerte zu dirigieren. Die Philharmonischen Konzerte wurden von Arthur Nikisch, die Konzerte der Königlichen Kapelle von Felix Weingartner geleitet, beide von der Kritik gefeiert und vom Publikum vergöttert. Strauss entdeckte schließlich eine Lücke, die er besetzen konnte. Da moderne Werke in den etablierten Konzertreihen zu kurz kamen, veranstaltete er Novitätenkonzerte, zunächst sechs in der Saison 1901/02, für die ihm allerdings nicht die Königliche Kapelle, sondern das auf neunzig Mann verstärkte Berliner Tonkünstler-Orchester zur Verfügung stand. Bedenkt man seine Position im Allgemeinen Deutschen Musikverein zusammen mit diesen Novitätenkonzerten, so gelangt man zur Einsicht, daß kein anderer Künstler jener Zeit solchen Einfluß auf die moderne Musik hatte wie Strauss. Daß er seine Macht weise gebrauchte, wird nicht nur von vielen Künstlern bestätigt, sondern nicht zuletzt auch von den Konzertprogrammen, in denen er Anton Bruckner zu seinem Recht verhalf und so unterschiedliche Persönlichkeiten wie Hans Pfitzner, Peter Iljitsch Tschaikowsky, Ignaz Paderewski, Edward Elgar und Gustave Charpentier vorstellte. In einem der ersten Strauss'schen Novitätenkonzerte dirigierte Mahler – wenige Tage nach der Münchener Uraufführung – seine IV. Symphonie. In einem Brief an einen anderen Berliner Konzertveranstalter hat Strauss erklärt, warum ihm an Mahlers Vierter so viel gelegen war.

Sie wissen, ich kann nur Novitäten bringen. Mit Bruckners d-Moll bin ich sowieso schon reingefallen, diese war aber schon zu weit vorstudiert, um sie noch absetzen zu können. Mahlers IV. ist mein Hauptzugstück; die III. wegen ihres großen Apparates mir vorerst hier nicht ausführbar. I. und II. hat Mahler hier selbst schon dirigiert. Ihre Konzerte sind doch nicht so ausschließlich Novitäten-Konzerte wie die meinigen. Warum wollen Sie Mahler am 2. Dez. nicht seine erste oder zweite Sinfonie dirigieren lassen? Dem Berliner Publikum kann es gar nicht schaden, wenn es die schwierigen Werke öfter hört. Auf die IV. kann ich aber leider nicht verzichten, ich bin dies dem ganzen Unternehmen schuldig, das ja nicht persönliche Angelegenheit ist.

Machen Sie doch die II. Sinfonie und das famose Klagende Lied (das ist Novität). Chor und Solisten stehen Ihnen ja stets zur Verfügung [...]⁴⁴

Obwohl Strauss ursprünglich selbst dirigieren wollte, überließ er die Leitung auf Mahlers Drängen hin dem Komponisten. Mahlers alte Freundin Natalie Bauer-Lechner, die zu dem Konzert nach Berlin gefahren war, berichtete mit Genugtuung von der Aufnahme der Symphonie durch das Publikum, vor allem aber durch Strauss selbst.

Richard Strauss, dem das Werk von Probe zu Probe näher ging, zeigte sich zuletzt hingerissen, besonders vom Dritten Satz, von dem er erklärte, ein solches Adagio könne er nicht machen. Auch sagte er Mahler nachher beim Zusammensein in größerer Gesellschaft, er habe von ihm außerordentlich gelernt. »Ihre Zweite Symphonie besonders habe ich mir gut angesehen und mir viel daraus angeeignet.« Als Zeichen seiner Schätzung schickte ihm Strauss nachher die Partituren seiner sämtlichen Werke.[45]

Bei diesem Aufenthalt in Berlin kam es zwischen Mahler und Strauss zu einem grundsätzlichen künstlerischen Gespräch, von dem wir leider nur das wenige wissen, das Mahler seiner Verlobten Alma Schindler mitteilte. Diese Zeilen werden, aus dem Zusammenhang des Gesamtbriefs gerissen, sehr häufig zitiert. Die Äußerung Mahlers, er habe »mit Strauss in Berlin sehr ernst gesprochen und ihm seine Sackgasse zeigen wollen«, ist nicht ohne weiteres verständlich. Liest man jedoch Mahlers Brief an Alma im ganzen, dann zeigt sich, durch welche Gedankenkette Mahler auf die Berliner Aussprache mit Strauss zurückkommt, und der Zusammenhang enthüllt auch den Inhalt dieser Aussprache. Es ging um das Programm in der Musik.

Um diese Quelle zum Inhalt des »ernsten« Gesprächs der beiden Komponisten angemessen würdigen zu können, ist es zweckmäßig, vorerst Klarheit über Mahlers Stellung zur Programmusik zu gewinnen. Schon 1896 hatte Mahler begonnen, sich vom literarischen Programm zu distanzieren, als er die Titel seiner I. Symphonie zurückzog. Auch die III. Symphonie, im Autograph noch mit üppigen Überschriften bestückt, ging schließlich ohne diese programmatischen Hinweise in Druck. Im Herbst 1900 erreichte Mahlers Abneigung gegen Programme ihren bisherigen Höhepunkt. Mahler befand sich in München, um eine Aufführung der II. Symphonie zu dirigieren. Nach dem Konzert begab er sich mit Freunden und Bewunderern ins Park-Hotel, um den Abend gesellig zu beschließen. Dort kam man auf Programme und Programmbücher zu sprechen.

Da war es, als wenn ein Blitz in eine heitere, sonnige Landschaft gefahren. Mahlers Augen leuchteten mehr denn je, seine Stirne zog sich empor, mit Erregung sprang er vom Tische auf und rief in bewegten Worten: »Fort mit den Programmen, die falsche Vorstellungen erzeugen. Man lasse dem Publikum seine eigenen Gedanken über das aufgeführte Werk, man zwinge es während der Wiedergabe nicht zum Lesen, man bringe ihm kein Vorurteil bei! Hat ein Komponist den Hörern von selbst die Empfindungen aufgedrängt, die ihn durchfluteten, dann ist sein Ziel erreicht. Die Tonsprache ist dann den Worten nahegekommen, hat aber unendlich mehr, als diese auszudrücken vermögen, kundgegeben [...]«[46]

Seit dieser Münchener Deklaration, die in musikalischen Kreisen rasch die Runde machte, war ein Jahr vergangen. Nachdem Mahler in Berlin bei Strauss seine IV. Symphonie dirigiert hatte, fuhr er nach Dresden, um eine Aufführung seiner II. zu leiten. Auf Wunsch des Königs von Sachsen verfaßte er zu diesem Werk einen Leitfaden, ein Programm, das zwar nicht einzelne musikalische Themen oder Passagen ausdeutet, immerhin aber die Gefühlsinhalte der einzelnen Sätze und ihre metaphysische Fragestellung in Worte kleidet. Von diesem Programm zur II. Symphonie ist in Mahlers Brief an Alma die Rede, ehe er durch einfache Assoziation auf Strauss kommt.

Hier geht heute die II. los. Mein Almschi! Die Justi hat Dir nicht gesagt, daß dieses Programm nur für einen oberflächlicheren und unbehülflichen Menschen (Du weißt ja, wen) verfaßt ist, und nur manches Äußerliche – reine Oberfläche der Sache gibt – wie schließlich jedes Programm zu einem musikalischen Kunstwerk. Nun gar erst dieses Werk, das so einheitlich geschlossen und verbunden ist, und das man ebenso wenig erklären kann wie die Welt. – Ich bin nämlich überzeugt, wenn Gott aufgefordert würde, sein Programm zur »Welt«, die er geschaffen, zu geben, könnte er es ebensowenig. – Höchstens gäbe es dann so eine »Offenbarung«, die vom Wesen Gottes und des Lebens so viel weiß, wie mein Elaborat von meiner C-moll. Ja, geradezu führt dies – wie alle Offenbarungs-Religionen – zum directen Mißverständnis, Unverständnis, zur Verplattung, Vergröberung und schließlich zur Entstellung bis zur Unkenntlichkeit des Werkes und vornehmlich seines Schöpfers. – Ich habe jetzt mit Strauss in Berlin sehr ernst gesprochen und ihm seine Sackgasse zeigen wollen. Er konnte mir aber leider nicht ganz folgen. Er ist ein sehr lieber Kerl; der in seinem Verhältnis zu mir mich rührt. Und doch kann ich ihm nichts sein – da ich ihn wohl übersehe, aber er von mir nur das Piedestal. – Demnächst kommt er nach Wien. Vielleicht bringe ich ihn mit zu Euch hinaus. –[47]

Diese Sätze lassen erkennen, daß Mahler seinen Kollegen in der »Sackgasse« deskriptiver Tondichtungen wähnte, nicht aber auf der Via triumphalis zur Opernbühne. Und doch hätte gerade Mahler diese Entwicklung überschauen können, denn er selbst hatte schon 1896 erklärt, man stehe »vor dem großen Scheidewege, der die beiden auseinanderlaufenden Pfade der symphonischen und dramatischen Musik [...] für immer voneinander trennt«[48]. Wenn dieser Gedanke irgendwo und irgendwann Bestätigung gefunden hat, dann in Mahlers eigenem Fortschreiten zu den großen Instrumentalsymphonien und in der sich gleichzeitig vollziehenden Metamorphose von Strauss zum Operndramatiker.

Im Dezember 1901 aber war noch nichts entschieden. Trotzdem hätte das Berliner Gespräch zu einer tieferen Verbundenheit der beiden Künstler führen können. Doch es kam anders. Ihre folgenden Zusammenkünfte standen unter einem neuen Vorzeichen, denn Mahler hatte sich kurz vor Antritt seiner Deutschland-Reise verlobt und gab zum Jahreswechsel seinen ahnungslosen Freunden die Verlobung bekannt. Auch Strauss gehörte zu den Gratulanten (St 10). Mahlers Wiener Freundeskreis bestand aus Menschen seines Alters, mit denen er seit seiner Studienzeit, seit mehr als zwanzig Jahren also, Freuden und Sorgen teilte, eine Art selbstgewählter Familie, deren geistiges Oberhaupt seltsamerweise nicht Mahler, sondern der Dichter Siegfried Lipiner war. Innerhalb weniger Tage gelang es Alma, ihren Verlobten diesen Freunden zu entfremden, die ihr zu alt und zu unbedeutend erschienen. Es mag sein, daß auch Mahlers Freunde, besonders Lipiner und Natalie Bauer-Lechner, Fehler machten, daß man die junge Braut nicht herzlich genug aufnahm und ihren Geist, vor allem ihren Kampfgeist, unterschätzte. Alma blieb, was niemand wundern wird, Siegerin, und die alten Weggefährten verschwanden aus Gustav Mahlers Leben. Das geschah Mitte Januar 1902. Wenige Tage danach kamen Richard Strauss und seine Gattin Pauline nach Wien, um die Premiere von »Feuersnot« zu sehen und zwei Konzerte zu geben. Am Tag vor der Aufführung schrieb Strauss an seine Eltern.

Gestern Montag Generalprobe »Feuersnot« unter Mahlers Leitung, die leider durch seine entsetzliche

Nervosität nicht so gut ging, als die Samstagprobe erwarten ließ, in der mich besonders das herrliche Wiener Orchester im höchsten Maße entzückt hat. Es ist entschieden das beste und schönst klingende Orchester Europas.[49]

Strauss war bereits seit 1894 verheiratet, mit der Opern- und Konzertsängerin Pauline de Ahna, die einst seine Schülerin gewesen war und in der Weimarer Aufführung des »Guntram« die weibliche Hauptpartie gesungen hatte. Pauline Strauss-Ahna war nicht nur als meisterliche Interpretin der Lieder ihres Gatten bekannt, sondern auch als Frau von unberechenbarem Temperament und grenzenloser Ungeniertheit. In den Beziehungen zwischen Strauss und Mahler hatte sie bisher so gut wie keine Rolle gespielt, doch in dem Augenblick, da Mahler verlobt und bald darauf verheiratet war, ergab es sich als selbstverständlich, daß beide Frauen in den Umgang einbezogen wurden.

Alma hat ihre erste Begegnung mit Richard und Pauline Strauss in ihrem Buch über Mahler detailliert geschildert. Sie schrieb in diesem Zusammenhang auch, daß Mahler nicht dirigiert hatte, »weil ihm vor diesem Werk graute«[50]. Das ist unrichtig! Denn Mahler hat »Feuersnot«, wie aus den Akten des Hof-Operntheaters hervorgeht, nicht nur einstudiert, sondern auch die Premiere dirigiert und das Werk erst nach der dritten Vorstellung abgegeben, als er seine Hochzeitsreise antrat. Wenn ein solcher Irrtum möglich ist, muß man auch der Darstellung der anderen Ereignisse dieses Premierenabends mit Vorsicht begegnen, obwohl Alma sich generell auf ihr Tagebuch beruft.

Ende Jänner war die Premiere der »Feuersnot« von Richard Strauss. Dieser Aufführung wohnte Pauline

Strauss in unserer Loge bei. Sie tobte die ganze Zeit: Niemandem könne dieses Machwerk gefallen, wir seien verlogen, wir täten so, als gefiele es uns, wir wüßten aber genau so gut wie sie, daß nicht ein eigener Ton darin sei, alles gestohlen, von Wagner, von vielen anderen, ja sogar von Schillings (vom »Maxi«, wie sie ihn nannte), der ihr viel lieber sei als ihr Mann. Kurz, sie raste [...][51]

Richard Strauss hat Almas Buch im Jahre 1946 in Zürich in der Bibliothek seines Freundes und Biographen Willi Schuh entdeckt, gelesen und mit Randbemerkungen versehen. Um Almas Irrtum hinsichtlich des Dirigenten der Wiener Erstaufführung richtigzustellen, fehlte es ihm in der Schweiz an Unterlagen. Aber zu dem oben zitierten Absatz, der Frau Strauss in der Opernloge beschreibt, setzte er folgende Worte an den Rand, die seine Verblüffung widerspiegeln:

Völlig unglaubhaft! Jedenfalls ganz erlogen, zum mindesten rätselhaft auf welchem Mißverstehen diese ganze Historie sich aufbaut. Um so mehr als gerade die Feuersnot meiner Frau immer besonders gut gefallen hat.[52]

Auf die Szene in der Opernloge folgt in Almas Schilderung eine heftige Auseinandersetzung der Eheleute Strauss, die damit endete, daß Frau Pauline in ihr Hotel zurückkehrte und sich weigerte, am Premierendiner teilzunehmen.

Wir gingen recht schweigsam voraus zum Essen. Bald kam Strauss, sichtlich erschöpft, setzte sich neben mich und sagte wörtlich zu mir: »Mei Frau ist oft arg ruppig, aber wissen S', i brauch des.« Strauss selber entpuppte sich an jenem Abend auch in meinen Augen. Während des Essens hatte er keinen anderen Gedanken als »Geld«. Er quälte Mahler ununterbrochen, die Eventual-Tantièmen bei großem und bei mittlerem Erfolg zu berechnen, saß während dieses ganzen Abends mit dem Bleistift in der Hand, steckte ihn auch zeitweise hinter das Ohr, quasi zum Scherz, kurz benahm sich wie ein Musterkartenagent.[53]

Vielleicht hätte Mahler, innerlich noch mit der Premiere beschäftigt, die auch seine »produktive Kraft« auslöste, den Tantiemenberechnungen von Strauss keine Beachtung geschenkt. Er kannte Strauss seit fünfzehn Jahren, kannte seine geistigen Interessen und kannte auch seinen Geschäftssinn. Doch Alma rief die Erinnerung an den Premierenabend in einem Brief zurück, den sie ihm auf den Semmering nachsandte, wohin er sich für einige Tage zurückgezogen hatte. Almas Brief ist, wie die meisten an Mahler gerichteten Briefe, unbekannt. Wir können seinen Inhalt nur aus Mahlers schriftlicher Reaktion erraten.

Eben zum Frühstück erhalte ich Dein liebes Briefel, das mir eine unnennbare Freude bereitet [...] Nicht nur der Abschied, der ganze Abend war für mich unbefriedigend. Die Atmosphäre, die Strauss um sich verbreitet, ist so ernüchternd – man wird sich ordentlich selbst fremd. Wenn das die Früchte sind, die an einem Baum hängen, wie kann man den Baum lieben? Du hast mit Deiner Bemerkung über ihn ins Schwarze getroffen. Und stolz bin ich darauf, daß Du so spontan das Richtige getroffen. Nicht wahr, lieber zusammen das Brot der Armut essen und im Lichte wandeln, als sich so verlieren an das Gemeine! Kommen wird die Zeit, da die Menschen die Spreu vom Weizen gesondert erblikken werden – und meine Zeit wird kommen, wenn die seine um ist [...]

Deine Bemerkung vorgestern Abends: »Du beteiligtest Dich gar nicht am Gespräch«, wirst Du Dir jetzt selbst beantworten. – Was hätte ich auf diese Kaffeehausredensarten zu erwidern, in einem so gesteigerten Moment wie die einer solchen Aufführung, die schließlich auch meine productive Kraft auslöst und die einen frei machen sollte vom Alltag, nicht aber mitten in den Dreck hineinführen sollte, wie ein Gespräch über Tantièmen und Kapitalien (stets die Träume der St. Phantasie, beinahe unzertrennlich von seinen Begeisterungen). [54]

Dieser Brief ist nicht leicht zu interpretieren. Welch ein Abstand zu Mahlers Haltung sechs Wochen vorher, als er dem »lieben Kerl« aus der »Sackgasse« helfen wollte! Vielleicht mußte sich Mahler vor seiner Zukünftigen, die an Strauss' Geschäftssinn Anstoß genommen, ins rechte Licht setzen. Vielleicht fühlte er sich in der Rolle des moralisch Überlegenen wohl, weil er sich in Fragen des Gelderwerbs unterlegen fühlte. Vielleicht hatte ihm die seit den Hamburger Tagen unterschwellig vorhandene Eifersucht einen Streich gespielt.

Mahler war keineswegs der weltfremde Träumer und Asket, als den ihn seine Jünger später darstellten. Er kannte den Wert des Geldes, obwohl er großzügig damit umging; er wußte auch geschäftlich seine Vorteile zu wahren, und es bestand keine Gefahr für ihn, »das Brot der Armut« essen zu müssen. Dennoch waren ihm die kommerziellen Seiten seines Berufs zuwider, weil sie ihn vom Eigentlichen, vom Künstlerischen, ablenkten. Darum ist leicht einzusehen, daß ihm das Benehmen von Strauss am Premierenabend ärgerlich war; befremdend wirken nur der feierliche Tonfall und die biblische Diktion, die Mahler in diesem Lebensalter nur in Momenten großer innerer Erregung in die Feder flossen. Man könnte also annehmen, daß Mahler nicht bloß verärgert, sondern in tieferen Schichten berührt war. Ein solches Pathos könnte von einer persönlichen Kränkung oder von einer schmerzlichen Enttäuschung künden. Mahler verwendet die Wendung des »Spreu-von-Weizen-Sonderns« mehrere Jahre später noch einmal in Zusammenhang mit Strauss, und zwar in einem Brief vom Januar 1907. Nach einer Aufführung der »Salome« unter Leitung von Strauss in Berlin schrieb Mahler an seine Frau:

> Es arbeitet und lebt da unter einer Menge Schutt ein Vulcan, ein unterirdisches Feuer – nicht ein bloßes Feuerwerk! Mit der ganzen Persönlichkeit Straussens verhält es sich wol ebenso! Daher ist so schwer bei ihm Spreu vom Weizen zu scheiden. Aber ich habe einen Riesenrespect vor der ganzen Erscheinung gewonnen und auf's Neue befestigt. Ich freue mich riesig darüber![55]

Die widersprüchlichen Urteile Mahlers über seinen Kollegen Strauss sind nur durch Widersprüche in Mahler selbst zu erklären. Im Jahre 1907 freute er sich, daß Strauss vor der Geschichte nicht zur Spreu gehören würde, sondern daß in ihm Spreu und Weizen, Schutt und Vulkan übereinander lagen und daß er, Mahler, ihn lieben und achten durfte, was ihm offenbar ein echtes Bedürfnis war.

Das erste Wiedersehen nach der Wiener »Feuersnot«-Premiere dürfte sich im Juni 1902 bei der Tonkünstlerversammlung des Allgemeinen Deutschen Musikvereins in Krefeld ergeben haben. Strauss hatte Mahlers III. Symphonie aufs Programm gesetzt, deren erster Satz noch unaufgeführt war und die nun zum erstenmal im Zusam-

menhang erklingen sollte. Alma Mahler hat über diese
Uraufführung folgendes zu berichten gewußt:

Nach dem ersten Satz brach ein ungeheurer Jubel aus.
Richard Strauss trat ganz vorne an das Podium heran
und applaudierte ostentativ so, daß er eigentlich den
Erfolg dieses Satzes besiegelte. Und nach jedem Satz
schienen die Zuhörer mehr ergriffen [...] Strauss wurde mehr und mehr passiv, zum Schlusse unsichtbar
[...]
Strauss hat sich im Verlauf dieses Abends noch in seiner vollen Kälte gezeigt. Wir hatten in einem kleinen
Gasthaus genachtmahlt. Strauss ging vorüber, gab uns
allen gönnerhaft die Hand und ging weiter, ohne Mahlers furchtbare Erregung zu bemerken, ohne ihm auch
nur ein einziges Wort zu sagen. Mahler empfand dies
schwer und blieb eine ganze Weile wortlos und verstimmt. Der ganze äußere Erfolg erschien ihm jetzt ohne Wert.[56]

Im Jahre 1903 wurde die Beziehung Strauss–Mahler um
einen neuen Aspekt bereichert. Schon seit der Jahrhundertwende bemühten sich Strauss und sein Jugendfreund
Friedrich Rösch um eine Reform des Urheberrechts, das
den Komponisten mehr Rechte und größere Einnahmen
sichern sollte. Zugleich wurde eine Tantiemengesellschaft ins Leben gerufen, die Genossenschaft deutscher
Tonsetzer, die 1903 rechtsfähig wurde. Schon drei Jahre
zuvor hatte Strauss in einem Brief (St 4) Mahler vor der
Wiener Tantiemengesellschaft, deren Mitglied Mahler
seit 1897 war, ausdrücklich gewarnt. Strauss und seine
Genossenschaft waren von Anfang an gegen die Wiener
Gesellschaft der Autoren, Komponisten und Musikverleger (AKM) eingestellt, eben weil in ihr auch die Musikverleger organisiert waren und nach Meinung von

Strauss den Ton angaben. Zu Beginn des Jahres 1903 dürfte Strauss in einem nicht erhaltenen Schreiben mit der Abwerbung Mahlers von der Wiener AKM begonnen haben. Mahler (M 45) zeigte deutliches Interesse, wollte sich aber erst nach einem mündlichen Gespräch mit Strauss endgültig entscheiden. Dieses Gespräch dürfte im März 1903 stattgefunden haben, als Strauss in Wien ein Konzert des Berliner Tonkünstler-Orchesters dirigierte.

Was gesprochen wurde, wissen wir leider nicht. Alma Mahler, sonst eine fleißige Beobachterin aller Dinge, die Strauss betrafen, meldet von diesen Unterhaltungen und ihren Folgen kein Wort. Vielleicht wird künftige Forschung noch neues Material zutage fördern. Wir wissen heute nur, daß es Strauss gelungen ist, Mahler der Wiener Gesellschaft abzuwerben, denn Mahler ist mit Jahresende 1903 ausgetreten. Mahler korrespondierte im Oktober 1903 in dieser Angelegenheit mit Friedrich Rösch[57] und schaltete auch seinen Rechtsanwalt ein. Über seinen Eintritt in die Genossenschaft deutscher Tonsetzer ist nichts bekannt. Daß er jedoch beigetreten ist, wird durch einen Brief belegt, den der Wiener Verleger Josef Stritzko an Mahler geschrieben hat. Dieses sehr aufschlußreiche Schreiben, das im folgenden wiedergegeben wird, muß indes mit Vorsicht aufgenommen werden, denn Stritzko, Mahlers Wiener Verleger, stand naturgemäß im Interessenkonflikt mit der Genossenschaft deutscher Tonsetzer.

Wien, am 5/5. 04

Herrn Direktor Gustav Mahler, Wien

In der Angelegenheit der Genossenschaft deutscher Tonsetzer habe ich mich genau informiert, doch zu meinem großen Bedauern muß ich Ihnen die Mitteilung machen, daß infolge der von Ihnen abgegebenen Unterschriften es mir unmöglich gemacht ist, erfolgreich für Ihre und unsere Interessen einzutreten. Herr Direktor Mahler haben sich seinerzeit an uns mit dem Ansuchen gewendet, Sie hinsichtlich der Wiener Autorengesellschaft freizugeben, und sind wir diesem Ansuchen nachgekommen, um Ihnen gefällig zu sein.

Allerdings waren wir der Meinung, daß Sie, Herr Director, resp. Ihr Herr Vertreter, mit der deutschen Vereinigung ein solches Übereinkommen treffen werden, welches die Verbreitung Ihrer Werke fördern, nicht aber dieselben verhindern wird. Sie haben sich jedoch nicht nur den Statuten dieses Vereines unterworfen, sondern Sie haben sich auch damit einverstanden erklärt, die von der deutschen Genossenschaft geforderten Aufführungshonorare anzuerkennen, ja noch mehr, das Verfügungsrecht über alle Ihre angemeldeten Kompositionen, welche in unserem Verlage erschienen sind, verbleibt der deutschen Genossenschaft auch in dem Falle, wenn Sie als Mitglied aus der Genossenschaft scheiden. Dabei wahrt die Genossenschaft nicht Ihre und unsere Interessen, sondern benützt speziell Sie dazu, Concert-Unternehmungen zu Abschlüssen zwingen zu wollen. Auf diese Weise sind bereits große Aufführungen Ihrer sinfonischen Werke hintertrieben worden, worunter wir beide ganz bedeutend zu leiden haben. Es sind nun abermals Aufführungen in Sicht, doch fürchte ich, daß dieselben infolge eines solchen Vorganges nicht zustande kommen. Jedenfalls bitte ich Sie, Herr Director, sich durch Ihren Vertreter Herrn Dr. Emil Freund mit der deutschen Genossenschaft ins Einvernehmen zu setzen, denn wenn dieselbe

fortfährt, Aufführungshonorare von 250–400 Mk. ein-
zuheben, so ist eine Verbreitung der Werke geradezu
ausgeschlossen. Ich habe in unserem Vertrage nachge-
sehen und gehofft, einen Punkt zu finden, welcher uns
irgend ein Recht einräumen könnte, vom Verleger-
Standpunkte aus einschreiten zu können, aber leider ist
der einzige Punkt, welcher uns hierzu das Recht gegeben hätte, durch die Ihnen erteilte Erlaubnis, aus der
Wiener Autorengesellschaft auszutreten, um der deutschen Gesellschaft beizutreten, hinfällig geworden.
Versuchen Sie es doch mit Intervention Ihrer deutschen Freunde Richard Strauss u.s.w. Ihre Werke wieder frei zu bekommen, oder aber mindestens zu erreichen, daß als Aufführungshonorare nicht mehr als
50–100 Mk. berechnet werden. Sie werden dies umsomehr erreichen, als es mir unmöglich erscheint, daß für
Werke von Richard Strauss oder Anderen so bedeutende Beträge eingefordert werden. Hierüber könnte
wohl Ihr Vertreter Herr Dr. E. Freund Rechenschaft
und Aufklärung verlangen.

In vorzüglicher Hochachtung ergebenst   Stritzko[58]

Was weiterhin geschah, welche Schritte Mahler unternahm oder unterließ, ist bisher unerforscht. Der Briefwechsel zwischen Mahler und Strauss läßt uns im Stich,
ebenso die bisher veröffentlichten Briefe Mahlers an seinen Rechtsanwalt Emil Freund. Als gewiß kann nur gelten, daß Mahler nicht wieder in die Wiener Autorengesellschaft eingetreten ist. Die hohen Honorarforderungen
der deutschen Genossenschaft scheinen indes der Verbreitung von Mahlers Werken nicht geschadet zu haben,
denn gerade in den Jahren 1903 und 1904 gelang dem bisher unaufgeführten Komponisten Mahler der ersehnte
Durchbruch. Seine Symphonien I bis IV und ab Herbst

1904 auch schon die V. Symphonie wurden unter seiner eigenen Leitung und unter Leitung anderer Dirigenten in vielen deutschen Städten aufgeführt, und in den Niederlanden, wo Strauss bereits 1897 Triumphe gefeiert hatte, fand Mahlers Werk seit 1903 eine musikalische Heimstätte. Seiner Frau schrieb er aus Amsterdam im Oktober 1903:

> Nach dem Schlußakkord ein Jubel, der etwas Imponierendes hatte. Alle sagen mir, daß seit Menschengedenken so was nicht da war. Den Strauss, der hier sehr en vogue ist, habe ich um Ellenlänge geschlagen.[59]

Als Strauss im Jahre 1946 diese Stelle las, setzte er ein Fragezeichen und ein Rufzeichen an den Rand.

Im Jahre 1905 waren Strauss und Mahler durch mehr gemeinsame Unternehmungen verbunden als in allen vorangegangenen und auch künftigen Jahren. Ende Mai fand in Straßburg das erste Elsässische Musikfest statt, dessen Ziel es war, die deutsche Musik der französischen in einem friedlichen Wettstreit gegenüberzustellen. Die Konzertprogramme freilich entsprachen nur unvollkommen diesem hochgesteckten kulturpolitischen Ziel, denn die französische Musik war nur durch César Franck und Gustave Charpentier vertreten, die sich gegen Beethoven, Brahms, Mozart, Wagner, Strauss und Mahler behaupten mußte. Strauss dirigierte ein Mozart-Konzert und seine »Sinfonia domestica«, Mahler brachte seine V. Symphonie und einen ganzen Beethoven-Abend mit der Neunten als Krönung. Dem Bericht Alma Mahlers zufolge hatte Mahler viele Proben und »herrliche« Aufführungen. Strauss dagegen, der angeblich erst zur letzten Probe gekommen war,

> bekam Angst wegen seiner Aufführung. Er schäumte, er wurde heftig in seinem Zorn. Die Domestica: eine furchtbare Aufführung, kein Einsatz kam.[60]

Der Eindruck auf die Hörer scheint ein anderer gewesen zu sein. Der französische Schriftsteller Romain Rolland, der Mahler schätzte und in Strauss die »erste musikalische Persönlichkeit Europas« sah, kritisierte zwar, daß Mozart unter Strauss »ein ungestümes, heftiges Aussehen angenommen« hatte[61], nannte jedoch Mahlers Beethoven-Interpretation eine »Freveltat«. Die »Sinfonia domestica« machte auf Rolland musikalisch starken Eindruck:

> Man wird durch die Schönheit dieses so leichten, weichen, schmiegsamen, abgestuften Orchesters geblendet, vor allem nach der kompakten Orchestermasse Mahlers, diesem schweren, sitzengebliebenen Brot [...] [62]

Das Programm zur »Sinfonia domestica« dagegen ließ Rolland nicht gelten, sondern nannte es eine der kühnsten Herausforderungen, die Strauss »dem Geschmack und dem gesunden Menschenverstand entgegengeschleudert hat«[63].

Strauss bekannte in einem Brief an Rolland, der einige Wochen nach dem Elsässischen Musikfest geschrieben wurde, daß ihm Mahler Ähnliches gesagt hatte.

> Sie mögen Recht haben mit dem Programm der »Domestica«. Sie stimmen damit auch ganz mit G. Mahler überein, der das Programm überhaupt vollständig verdammt.[64]

Wenige Tage nach dem Musikfest in Straßburg fand die jährliche Tonkünstlerversammlung des Allgemeinen Deutschen Musikvereins statt. Gastgeberin war diesmal eine österreichische Stadt. Bereits im Juni 1903 hatte Strauss an seinen Freund und Kollegen Max von Schillings geschrieben:

> [...] ich finde Graz vortrefflich [...] und glaube, daß Graz ein vortrefflicher Boden für uns ist in Opposition gegen das noch sehr rückständige Wien [...]

Also los auf Graz. Mahler muß aber jedenfalls ein oder 2 Festopern bieten auf der Hin- und Rückreise.[65]

Mahlers Beitrag zum Grazer Musikfest bestand in einer Reihe von Liedern – »Kintertotenlieder« und andere Rükkert-Vertonungen, Lieder aus »Des Knaben Wunderhorn« –, über deren Aufführungsort und Plazierung er intensiv mit Strauss korrespondierte (St 16, 17, M 46 bis 48). Strauss kam Ende Mai auf der Durchreise nach Wien und fuhr wahrscheinlich am 30. Mai 1905 gemeinsam mit Mahler nach Graz. Mahler berichtete seiner Frau von dieser Fahrt:

> Mit Strauss war ich von Wien bis Graz in einem Coupé ganz allein und wir sprachen uns sehr angenehm, wie in alten Zeiten. Leider wurde er schon am nächsten Tag durch den plötzlichen Tod seines (84jährigen) Vaters abberufen und hörte meine Lieder nicht.[66]

Im Anschluß an das Grazer Tonkünstlerfest bot Mahler den Teilnehmern drei Aufführungen in der Wiener Oper: »Feuersnot« von Strauss, »Die Rose vom Liebesgarten« von Pfitzner und »Die Legende von der heiligen Elisabeth« von Liszt. Max von Schillings, nach Strauss der maßgeblichste Mann im Allgemeinen Deutschen Musikverein, der Mahler reserviert gegenüberstand, war von diesen festlichen Darbietungen begeistert und lieferte Strauss einen entsprechenden Bericht.

Noch in Straßburg hatte Strauss dem Ehepaar Mahler die noch nicht ganz vollendete »Salome« am Klavier vorgetragen. Wir wissen davon allerdings nur aus den Erinnerungen von Alma Mahler, die, wie viele Beispiele zeigen, mit Daten und Fakten oft sehr frei schaltete. Überraschenderweise kommt Strauss, über den Alma Mahler ein paar Seiten vorher eine belanglose Skandalgeschichte auftischt, in diesem Zusammenhang recht gut weg. Seine

Wirkung muß unwiderstehlich gewesen sein; das fühlt man noch aus Almas letztlich doch etwas hämischem Bericht.

Strauss war damals heiter und mitteilsam. Seine »Salome« war vollendet. Strauss fragte Mahler, ob er ihm die Oper aus dem Manuskript vorspielen könne. Es hatte da vorher eine kleine Geschichte gegeben. Als Strauss Mahler erzählt hatte, daß er die Salome von Wilde komponieren wolle, opponierte Mahler heftig. Er hatte tausend Gründe dagegen, zuerst ethischer Natur, nicht zuletzt die wahrscheinliche Unaufführbarkeit in katholischen Ländern. Strauss stritt, war aber doch irritiert, wenn auch nicht für lange. Ich sagte Mahler nachher, ich wunderte mich, daß er Strauss habe abreden wollen, ein bestimmtes Buch zu komponieren. Es sei so, als würde man einem Mann abraten, seine Geliebte zu heiraten.

Nun also war Strauss mit der Komposition fertig geworden, und es lag Triumph in seiner Aufforderung. Er hatte einen Klavierhändler ausfindig gemacht, und wir drei wanderten in ein Lokal, in dem Dutzende von Klavieren standen. Der Raum hatte übrigens nach allen Seiten hin große glänzende Schaufenster, an denen unausgesetzt Menschen vorübergingen oder stehenblieben, um hineinzusehen – und sich die Nasen plattdrückten, um etwas zu erlauschen.

Strauss spielte und sang unvergleichlich gut. Mahler war hingerissen. Wir kamen zum Tanz. Er fehlte. »Dös hab i no net g'macht!« sagte Strauss und spielte nach der großen Lücke weiter bis zum Schluß. Mahler meinte: »Ist das nicht gefährlich, den Tanz einfach so auszulassen und später, wenn man nicht mehr in der Stimmung der Arbeit steckt, ihn zu machen?« Aber

Strauss lachte sein leichtsinniges Lachen: »Dös krieg i schon.« Aber er hat es nicht gekriegt, denn der Tanz ist das einzig Schwache in dieser Partitur – nur eine Kompilation des Übrigen. Mahler war völlig bezwungen. Man kann eben alles wagen, wenn man das nötige Genie hat, Unglaubwürdiges glaubhaft zu machen.[67]

Anders als noch in den achtziger und neunziger Jahren, als den Opernhäusern Novitäten wie »Die verkaufte Braut«, »Cavalleria rusticana«, »Falstaff«, »Pique Dame« oder »La Bohème« zur Verfügung standen, machte sich im neuen Jahrhundert eine gewisse Stagnation fühlbar. Mahler hatte in der Hofoper viele Neuheiten einstudiert, doch kaum eine, die sich länger auf dem Spielplan behauptete. Daß er die Bühnenwirksamkeit und den musikhistorischen Rang der »Salome« sofort, schon in Straßburg, erkannt hat, als Strauss klavierspielend und singend einen Vorgeschmack auf die Partitur bot, muß bezweifelt werden, doch sprach er nach der Rückkehr nach Wien, auch gegenüber der vorgesetzten Behörde, mit großer Begeisterung davon und wollte das neue Werk so bald wie möglich aufführen. Er rechnete zwar mit Schwierigkeiten von seiten der Zensur, hielt diese aber für überwindbar. Es handelte sich keineswegs um eine Zensur, die sich auf das gesamte österreichische Theaterwesen erstreckte, sondern um eine auf die Hoftheater beschränkte. Die vom Kaiser unterhaltenen Bühnen sollten keine Werke aufführen, die umstürzlerische oder laszive Gedanken verbreiteten, vor allem aber durften keinerlei Worte fallen, die das religiöse Gefühl der Zuschauer beleidigten. Auch vor der Wiener Aufführung von »Feuersnot« hatte die Zensur Schwierigkeiten gemacht (M 33–35), die jedoch durch die Uraufführung am Hoftheater in Dresden beseitigt wurden. Wörtlich hatte der Generalindendant dem Hof-Oberdirektor damals mitgeteilt:

> Der Erfolg dieser Premiere [in Dresden] und insbesondere deren Aufnahme seitens der Kritik wird auf die weitere Entscheidung über die Aufführung dieser Oper an der hiesigen Hofbühne einen grundlegenden Einfluß nehmen [...][68]

Mahler rechnete damit, daß auch »Salome« nach etlichen Kämpfen mit der Zensur aufgeführt werden könnte, sofern es bei der Uraufführung in Dresden zu keinen Skandalen kam. Er irrte. Bei »Feuersnot« hatte es sich um einen frivolen Scherz gehandelt; da wollte der Zensor nicht prüde erscheinen und drückte ein Auge zu; bei »Salome«, deren Dichtung von dem gesellschaftlich geächteten Oscar Wilde stammte, galten andere Maßstäbe. Der Zensor beanstandete nicht nur das ins »Gebiet der Sexualpathologie« gehörende Sujet, sondern mehr noch das leibliche Auftreten des Täufers Johannes und dessen Anspielungen auf Jesus Christus[69]. Aus der Korrespondenz zwischen Mahler und Strauss ist der Kampf mit der Zensurbehörde genau zu rekonstruieren (M 49–59, St 18–25). Es gab kein Argument, keine Taktik, deren sich Mahler nicht bediente: Er pries die Oper, die er bloß aus dem Klavierauszug kannte, als modernes Meisterwerk; er warnte, daß die Wiener Volksoper dem Hof-Operntheater zuvorkommen werde; er dachte sich textliche Änderungen aus, um den Zensor zu beschwichtigen; er förderte das Zustandekommen eines Gastspiels der Breslauer Oper, die in Wien »Salome« zeigte, um seine Widersacher »zur Raison zu bringen«.

Obwohl alles erfolglos blieb – vermutlich weil eine Erzherzogin sich dem Vorhaben widersetzte –, hat Mahler diesen Kampf nie aufgegeben. Er endete erst mit Mahlers Demission. In einem seiner Briefe an Strauss sprach er davon, daß er äußerstenfalls die »Kabinettfrage« stellen, sein Verbleiben an der Wiener Oper von der Zulassung der »Salome« abhängig machen würde (M 57). Strauss beschwor ihn, dies nicht zu tun (St 24), und Mahler folgte seinem Rat. Dennoch hat die »Salome«-Affäre, die im Herbst 1905 ihren Ausgang nahm und im Jahre 1906 fortschwelte, auf Mahlers Demission im Frühjahr 1907 Einfluß ausgeübt. Er trat nicht wegen des Verbots der »Salome« zurück, zumindest nicht aus diesem Grund allein, doch hat seine Ohnmacht gegenüber der Zensurbehörde seine Theaterunlust, seine latente Direktionsmüdigkeit gewiß gesteigert. »Man weiß, daß sein Scheiden für ihn beschlossene Sache war«, schrieb Richard Specht, einer der frühen Mahler-Biographen, der auch eine Strauss-Monographie verfaßte, »seit er der ›Salome‹ nicht den Einzug in die Hofoper erobern konnte; er fühlte sich fehl am Ort, wenn seine Macht und seine Befugnis es ihm nicht möglich machen konnten, das faszinierendste Werk seiner Zeit in dem von ihm geführten Institut zu Gehör zu bringen.«[70]

Auf dem Höhepunkt der »Salome«-Affäre, am 7. und 8. November 1905, war Mahler in Berlin, um eine Aufführung seiner II. Symphonie unter Oscar Fried zu hören, und hatte bei dieser Gelegenheit eine Aussprache mit Strauss über das weitere Vorgehen gegenüber Intendanz und Zensur. Leider berichtete er seiner Frau nichts von diesen Beschlüssen, sondern teilte bloß seine Beobachtungen im Hause Strauss mit, offenbar ein ständiges Thema zwischen den Eheleuten Mahler.

Bei Strauss war es gestern ganz nett; aber eine gewisse Kühle und Blasirtheit wird man nicht los bei ihm. Übrigens schenkte er mir seine neueste Veröffentlichung (eine Berlioz'sche Instrumentationslehre mit neuem

»Kren« dazu von ihm), welche aber für Dich sehr interessant sein wird, und woraus Du sehr viel lernen wirst. Ich schenke sie Dir für Deine Bibliothek, ferner versprach er mir eine Partitur zur Salome, welche ich Dir gleichfalls dediziere, so daß nunmehr der Neid aller schaffenden Tonkünstler zur Raserei ausarten muß. Aber, wie gesagt, ein bißchen mehr Wärme wäre mir lieber gewesen als alles das.[71]

Überraschenderweise fuhr Mahler nicht zur Uraufführung der »Salome« nach Dresden. Obwohl ihm selbst so sehr um Wärme zu tun war, scheint er übersehen zu haben, daß Strauss sein Ausbleiben für Gleichgültigkeit halten könnte. Als Strauss – rund ein Jahr später – nicht zur Berliner Aufführung der III. Symphonie erschien (siehe S. 202 f.), kränkte sich Mahler, obwohl Strauss sich mit einem äußerst liebenswürdigen Kärtchen entschuldigte. Er selbst scheint kein Kärtchen nach Dresden geschickt zu haben, um sein Fernbleiben zu erklären, denn Strauss fragte am 15. Dezember 1905 (St 22) leicht vorwurfsvoll: »Wo waren Sie am 9.? Ich habe Sie *sehr* vermißt.« Wie viele Überempfindliche mag auch Mahler das Verhalten von Strauss mit anderem Maß gemessen haben als das eigene.

Mahler sah »Salome« zum erstenmal am 16. Mai 1906 in Graz (»ein vortrefflicher Boden [...] in Opposition gegen das noch sehr rückständige Wien«, hatte Strauss in anderem Zusammenhang geschrieben), wo der Komponist selbst die ersten drei Vorstellungen dirigierte. Alma Mahlers Erinnerung zufolge erwartete Strauss sie im Hotel und machte am Nachmittag vor der Grazer Premiere mit dem Ehepaar Mahler einen Autoausflug. In einem kleinen Gasthaus kehrten sie ein, und es wurde so gemütlich, daß Strauss trotz des vorrückenden Tages nicht weg wollte.

Endlich, es begann kühl zu werden und zu dämmern, sprang Mahler auf und sagte: »Gut, wenn Sie nicht kommen, so fahre ich und dirigiere für Sie.« Das half. Strauss stand langsam auf, und während Mahler den Chauffeur zur Eile drängte, hielt ihn Strauss zurück. – Es schien, als habe Mahler Straussens fehlendes Autorentrema, vielleicht aber war Strauss gar nicht so ruhig, wie er uns glauben lassen wollte, vielleicht war er sehr erregt und cachierte das hinter Frivolität.[72]

Als der zweiundachtzigjährige Richard Strauss diesen letzten Satz las, schrieb er an den Rand die Bemerkung: »Alles nicht wahr.« Almas Vermutung, er habe seine Aufregung verborgen, wurde von ihm unterstrichen und mit einem »Nein« dementiert.

Am Morgen nach dem Abend, der ein großer Erfolg war, obwohl man christlich-soziale Skandale befürchtet hatte, kam Strauss zu unserem Frühstück und begann Mahler Vorwürfe zu machen: Er nähme alles, z. B. die Oper – diesen Stall – zu schwer, er solle sich schonen. Niemand gäbe ihm etwas dafür, wenn er sich aufgerieben hätte. Ein solcher Saustall, der nicht einmal die »Salome« aufführen wolle – nein, es stände nicht dafür![73]

Ausnahmsweise pflichtet Alma Mahler den Worten von Strauss bei. Leider gibt sie dieses Gespräch nicht so ausführlich wieder wie manche Belanglosigkeit, in der sie Strauss ins Unrecht setzen kann. Der genaue Gesprächsverlauf wäre nämlich interessant, weil man annehmen muß, daß Straussens Mahnung, mehr auf die eigene Gesundheit zu achten, auf Mahler nicht ganz ohne Wirkung blieb. Strauss betrachtete seine eigene Tätigkeit an der Berliner Oper als Broterwerb, der ihm den Luxus des Komponierens ermöglichte. Schon etliche Jahre vorher hatte er seinen Eltern gestanden, daß er keinesfalls bis zu seinem sechzigsten Jahr zehn Monate jährlich Opern dirigieren wolle und daß er Berlin sofort aufgeben würde, wenn sich eine besser dotierte Stellung fände[74]. Durch den beispiellosen Erfolg der »Salome« war das Ziel – weniger Dirigieren, mehr Komponieren – unerwartet näher gerückt. Mahler, der Ferienkomponist, der zehn Monate im Jahr unter der Last des Opernbetriebs seufzte, war bis vor kurzem dieser geliebten und gehaßten Institution mit Leib und Seele verfallen gewesen. Wenn er gerade in der letzten Zeit die Wiener Oper distanzierter betrachtete, so waren drei Gründe dafür maßgebend: die Erkenntnis, daß es unmöglich war, ein Repertoiretheater täglich auf dem höchsten Standard zu halten; das Verbot der »Salome«; die immer häufiger werdenden Einladungen zu Konzertreisen, bei denen er eigene Werke dirigierte. In dieser Situation und fast genau ein Jahr vor seinem Rücktritt müssen ihm die Vorhaltungen von Strauss, wie immer sie gelautet haben mögen, zu denken gegeben haben. Vielleicht sagte er wirklich bei dieser Gelegenheit, ihm zustimmend, sein Sprüchlein:

> Strauss und ich graben von verschiedenen Seiten her in
> unsern Schachten desselben Berges. Wir werden uns
> schon treffen. [75]

Alma Mahler setzt diese Worte, von Mahler zum erstenmal 1897 in einem Brief an Arthur Seidl verwendet, zumindest in diesen Zusammenhang.

Schon wenige Tage nach dem Grazer Treffen sahen Strauss und Mahler einander wieder, diesmal beim Tonkünstlerfest des Allgemeinen Deutschen Musikvereins in Essen. Mahler war eingeladen, die Uraufführung seiner VI. Symphonie einzustudieren, dieses schwierigen, bekenntnishaften Werkes, das am stärksten seine Persönlichkeit ausdrückt und sein Ende antizipiert. In Mahlers Begleitung befand sich ein junger Münchener aus gutem Haus namens Klaus Pringsheim, der an der Wiener Hofoper als Korrepetitor tätig war. Ihm verdanken wir einen Bericht von den Proben und von Mahlers damaligem Verhältnis zu Strauss.

[...] er baut, türmt Gipfel auf Gipfel und so ersteht, überwältigend, riesenhaft groß, in Massen, die Mahler nie zuvor und in Wahrheit nie wieder gewagt hat, der letzte Satz.

Nach der Probe sagte Richard Strauss in seiner selbstverständlich-legèren Art, der Satz sei »überinstrumentiert« – der Strauss der »Salome«-Partitur. (Es war ein großes Jahr deutscher Musik, das uns »Salome« und Mahlers Sechste brachte.) Überinstrumentiert? Das Wort gab Mahler viel zu denken. (Weil Strauss es gesprochen hatte.) Er kam oft darauf zurück, sprach viel über sein Verhältnis zu Strauss – er sprach, wie immer, einfach, rührend-menschlich, und alle lauschten ihm wie einem Weisen; denn Mahler lehrte, wie Sokrates gelehrt hat: gab in Gesprächen, ohne die Geste des Gebenden, unendlich viel – er sprach damals nicht von sich, sondern von dem andern, den er nie verkannt hat, fragte ohne Neid, ohne Bitterkeit, fast demutvollergeben, woran es wohl liege, daß jenem alles so leicht, ihm so schwer würde; und man fühlte den ewigen Gegensatz der Sieghaft-Blonden und der Dunklen, Schicksalsbeladenen [...][76]

Drei Jahre vorher war die Novelle erschienen, die – als anschauliche Metapher – diesen Gegensatz der Blonden, Unbekümmerten und der Dunklen, Empfindsamen darstellt, die Künstlernovelle »Tonio Kröger« von Thomas Mann. Zweifellos kannte Klaus Pringsheim dieses Werk, denn man sprach allenthalben davon, und Thomas Mann, der Autor, war überdies sein Schwager. So ist es kein Wunder, daß der nicht nur musikalisch, sondern auch literarisch versierte Korrepetitor seinen Direktor mit dem liebenden und an seiner Liebe leidenden Tonio Kröger verglich. Vermutlich hat er, hellsichtig, wie sensible junge Menschen mitunter sein können, die Beziehung Mahlers zu Strauss durch diese literarische Anspielung tiefer erfaßt als alle anderen.

Mahler selbst hat die künstlerischen Unterschiede zwischen sich und Strauss immer wieder hervorgehoben, nicht zuletzt in seinen Symphonien, die seit 1901 auf das Programm und sogar auf das vertonte Wort verzichtet hatten. Seit Mahler seine Gedanken nur musikalisch-symphonisch ausdrückte, hatte ihn aber eine gesteigerte Selbstkritik bezüglich der Instrumentation befallen. Kein Werk wurde von ihm so oft und so weitgehend überarbeitet wie die V. Symphonie, die erste nach den drei »Wunderhorn«-Symphonien, die ohne Text und ohne menschliche Stimme auskam. Die Emanzipation vom Literarischen hat offenbar höhere Ansprüche an die Orchestrierung im Dienste des Ausdrucks und der Deutlichkeit in ihm geweckt. Vielleicht war durch sein unentwegtes Ringen um Verständlichkeit – seine »Selbstungenügsamkeit«, wie Pringsheim es nannte – seine innere Abhängigkeit von Straussens Urteil stärker denn je zuvor.

In diesem Zusammenhang [...] tat Mahler eine Äußerung, die wohl mehr besagte, als darin unmittelbar ausgesagt war. Es sei doch merkwürdig, sagte er, Strauss sei imstande, mit ein paar Proben auszukommen, und immer »klingt es«; er aber mühe sich in zahllosen Proben mit dem Orchester, um alles herauszubringen, wie er es haben wolle, aber wann könne er nach der Aufführung dann wirklich sagen, daß ihm nichts gefehlt habe?[77]

Dieses Gefühl der Unsicherheit und Benachteiligung, das die drei Instrumentalsymphonien begleitete und sich vermutlich mit der VIII. Symphonie wieder verlor, könnte erklären, warum Strauss gerade in jenen Jahren eine so wichtige Rolle in Mahlers Denken und Fühlen spielte, warum er jedes Wort und jede Geste Straussens beobachtete und kommentierte und ständig über Kühle klagte. Mahler beneidete ihn, obwohl er – gleich Tonio Kröger – gewiß nie den Wunsch empfunden hat, ihm zu gleichen, sondern bloß nach Zustimmung und Bewunderung verlangte.

Selbst Alma Mahler hat die Sonderstellung von Strauss im Gemüt ihres Mannes erkannt, wenngleich nicht anerkannt. Als sie zu den letzten Proben nach Essen kam, fand sie Mahler umgeben von Bewunderern, von Ossip Gabrilowitsch, Oscar Fried und Klaus Pringsheim, zu denen später noch Willem Mengelberg stieß. Und in diesem Zusammenhang finden wir ihr überrraschendes Bekenntnis:

> Der einzige, an dem Mahler noch immer gelegen war, war Strauss, daneben waren alle anderen mehr oder weniger belanglos. [78]

Diese Beobachtung Alma Mahlers stimmt so genau mit Pringsheims Berichten überein, daß sie als zutreffend bezeichnet werden muß. Ihre übrigen Mitteilungen aus Essen sind mit Vorsicht aufzunehmen, weil beispielsweise von einer Wiener Aufführung der II. Symphonie in dieser Zeit nichts bekannt ist. Dennoch seien zwei Abschnitte aus ihren Erinnerungen hierhergesetzt, vor allem weil Strauss sie gelesen und kommentiert hat und wir aus seinen Randbemerkungen zumindest seine spätere Einstellung zu Mahler erkennen können.

Am Tage unserer Ankunft in Essen hatten wir Strauss

auf der Straße getroffen. Mahler hatte knapp vorher einen großen Erfolg in Wien mit der Zweiten gehabt, die wiederholt werden mußte. Strauss kam auf Mahler zu und rief: »No, Sie Berühmtheit von Wien, wie geht es Ihnen denn?« Wir waren so betroffen, daß wir wortlos weitergingen. Wir sahen Strauss dann öfter von weitem, gingen ihm aber aus dem Wege.[79]

Neben diesen Absatz schrieb Strauss im Jahre 1946 an den Rand: »Habe mich immer gefreut, wenn Mahler Erfolge hatte.«

Die letzten Proben! Der Schlußsatz dieses Werkes mit den drei großen Schicksalsschlägen! Kein Werk ist ihm beim ersten Hören so nahe gegangen. Nach der Generalprobe ging Mahler im Künstlerzimmer auf und ab, schluchzend, händeringend, seiner nicht mächtig. Fried, Gabrilowitsch, Buths und ich standen still und versteinert, keiner wagte den andern anzusehen. Strauss kam plötzlich laut polternd bei der Tür herein. Spürte nichts. »Mahler, Sie müssen irgend eine Trauerouvertüre oder so was Ähnliches morgen vor der Sechsten dirigieren – der hiesige Bürgermeister ist gestorben. Es ist so üblich – na was habt ihr denn? Was ist denn los? Na. –« Und er ging geräuschvoll und herzkalt hinaus und ließ uns erstarrt zurück.[80]

Hier schrieb Strauss an den Rand: »Solche Dinge verstehe ich allerdings nicht.«

Aus vielen Briefen, die Mahler in jenen Jahren an seine Frau schrieb, geht sein Bedürfnis hervor, von Strauss inniger verstanden zu werden:

Aber, wie gesagt, ein bißchen mehr Wärme wäre mir lieber gewesen als alles das. [November 1905 aus Berlin][81]

Die Kühle im Wesen Straussens, die nicht im Talent sondern im Menschenthum liegt, spürst Du eben und sie stößt Dich ab. [Mai 1906 aus Essen][82]
Strauss ist jetzt auch immer dabei, und überhaupt sehr lieb, wie immer, wenn er allein mit mir ist. Sein Wesen aber wird mir immer fremd bleiben. Diese Denk- und Empfindungsart ist von der meinen weltenweit entfernt. Ob wir beide uns noch einmal auf demselben Stern begegnen werden? [August 1906 aus Salzburg][83]
Ganz anders stellt sich das Verhältnis aus der Sicht von Strauss dar. Auch er erwähnt Mahler in seinen Briefen, doch völlig nüchtern und unbefangen, wenngleich mit spürbarem Wohlwollen und Respekt.

Mit großer Freude habe ich erfahren, daß auch Sie sich inzwischen den gerechten u. hoffentlich auch recht vorteilhaften Bestrebungen unserer Genossenschaft angeschlossen haben [...] Ebenso sehr hat mich gefreut, daß Sie die neue Sinfonie meines Freundes Mahler erworben haben [...] [An den Verlag C. F. Peters, Januar 1904][84]
Hast Du diesmal Arthur Seidl in den Berl. Neuesten Nachrichten gelesen? Da hast Du, Herr College, Dich doch bass gefreut? Nun geht's nicht mehr auf Dich allein, sondern auf *die* Machthaber, die diesmal nicht wieder eine 2stündige Mahlersche Sinfonie aufführten, weil sie (ausgerechnet ich gegenüber Mahler) »für ihren eigenen Besitzstand« fürchten! [An Max von Schillings, Juni 1904][85]
Laden Sie jedenfalls Mahler ein, er dirigiert sehr interessant Beethoven. Von seinen Sinfonien ist die (1 Stunde) kürzeste Nr. 4 G-Dur (ohne Chor und Posaune). [An Justizrat Friedrich Sieger, Vorstand der Frankfurter Museumskonzerte, April 1906][86]

Heute nachmittag Probe mit den Wiener Philharmonikern, morgen, Donnerstag, nachmittag drei Uhr, öffentliche Generalprobe. Sonntag dirigiert Mahler hier den Figaro. Es wäre also sehr nett, wenn Du so bald als möglich hierherkämst [...] [An Pauline Strauss, August 1906 aus Salzburg][87]
Ich gehöre leider zu den Menschen, der wenn es sich um Interessen der Kunst handelt, auch nicht einmal daran denkt, daß hierbei Privatinteressen collidieren könnten [...] Wie ich heute noch von Ihnen u. Mahler u. allen Leuten, die was können, willig wie ein Schulbub lerne, ohne daran zu denken, daß mein Piedestal dadurch verschoben werden könnte [...] [An Ernst von Schuch, November 1910][88]

Zweieinhalb Monate nach der Zusammenkunft in Essen trafen Strauss und Mahler einander in Salzburg. Mitte August 1906 wurde Mozarts hundertfünfzigster Geburtstag mit Opernaufführungen und Konzerten gefeiert, Salzburger Festspiele also, die freilich noch nicht so hießen. Die neue Wiener Inszenierung der »Hochzeit des Figaro« in Alfred Rollers Ausstattung reiste aus diesem Anlaß nach Salzburg, und Mahler unterbrach seinen Urlaub am Wörthersee, um die Vorstellung zu dirigieren. Die Mitwirkung von Strauss war nicht vorausgeplant, sondern ergab sich aus der plötzlichen Erkrankung von Carl Muck, an dessen Stelle Strauss das zweite Orchesterkonzert leitete.
Seit der Begegnung in Essen war nur wenig Zeit verstrichen, und doch war so viel seither geschehen. Strauss hatte begonnen, Hugo von Hofmannsthals »Elektra« in Musik zu setzen; Mahler hatte seine VIII. Symphonie komponiert, und beide waren voll von ihren schöpferi-

schen Erlebnissen. Aus Mahlers Briefen an seine am Wörthersee zurückgebliebene Frau wissen wir, daß Strauss und Mahler in den Salzburger Tagen immer beisammen waren und daß es Strauss war, der Mahlers Gesellschaft suchte. Aus der mehrmaligen Erwähnung der »Elektra« läßt sich schließen, daß Strauss viel von seiner neuen Oper erzählte, und aus der Art, in der Mahler davon berichtet, muß man annehmen, daß er das Sujet ebenso heftig ablehnte wie vormals »Salome«. Sein literarischer Geschmack war, wie man auch an den Gedichten erkennt, die er vertonte, durchaus konservativ. An seine Lektüre stellte er niemals bloß ästhetische, sondern vor allem ethische Ansprüche. Mit den Werken der österreichischen Moderne, mit Hugo von Hofmannsthal, Hermann Bahr oder Arthur Schnitzler, die allesamt seine Bewunderer waren, wußte er nichts anzufangen. Sie waren ihm wohl zu »dekadent«, und er nahm Strauss seine Vorliebe für diese Richtung übel. Nur so ist der mokante Satz verständlich, mit dem er einen in Paris lebenden Journalisten charakterisierte:

Er machte einen so geistvoll-perversen Eindruck. Vielleicht componirt ihn Strauss noch einmal. [89]

Strauss erinnert sich in einem seiner Schreibhefte, daß er Mahler auf dem Klavier aus »Elektra« vorgespielt hat. Dieses Ereignis ist aber eher im Winter 1906/07 anzusetzen, als die Komposition schon weiter fortgeschritten war. In Salzburg wurde wohl nur davon gesprochen, und Strauss war so Feuer und Flamme für seine neue Arbeit, daß er Mahler dazu überreden wollte, auch eine Oper zu schreiben. In seinem Überschwang unterließ er die Frage, was Mahler in diesem Sommer komponiert habe, und Mahler, ganz Tonio Kröger in seiner Zurückhaltung, begann nicht von sich aus davon zu sprechen. Seine neue

Symphonie, die VIII., war eine Vokalsymphonie, deren erstem Teil der lateinische Hymnus »Veni creator spiritus« zugrunde lag und deren zweitem Teil die Schlußszene des II. Teils von »Faust«. Wie weit war das entfernt von Hofmannsthal und »Elektra«! Mahler, offensichtlich gekränkt, daß er nicht von seiner Symphonie reden konnte, wappnete sich mit Ironie und etwas Hochmut.

Strauss hat schon einige Scenen aus Electra (Hofmannsthal) componirt. Unter 10 Procent pro Abend und 100000 Mark giebt er es nicht her. (Das ist allerdings nur eine Vermutung von mir.) Da er auch mich nicht weiter befragt, sagte ich ihm auch nichts von meinem antiquirten Dasein im Sommer. Ich glaube, es würde ihm sehr wenig imponiren, zu erfahren, mit was für veraltetem Kram ich mich im Sommer beschäftige. O selig, o selig, modern zu sein.[90]

In dasselbe Jahr 1906, in dem sich Mahlers Gefühle seinem Freund und Rivalen gegenüber so ambivalent kundtaten wie kaum je zuvor, fällt auch ein Gespräch über Strauss, das Mahler mit dem Komponisten Bernard Scharlitt führte. Seinen Angaben zufolge hat Scharlitt dieses Gespräch aufgezeichnet und gab es später »in starker Verkürzung« wieder. Wir müssen diese Verkürzung bedauern, denn es wäre nicht unwichtig zu wissen, ob Mahler mit seiner Polarisierung des »Zeitgemäßen« und des »Unzeitgemäßen« bloß musikalische Qualitäten beschrieb oder ob auch die unterschiedliche Auffassung der Literatur eine Rolle spielte. Scharlitt legte Mahler folgende Sätze in den Mund:

Erst wenn ich den Erdenstaub von mir abgeschüttelt haben werde, wird man mir Gerechtigkeit widerfahren lassen. Ich bin eben, um mit Nietzsche zu sprechen, ein »Unzeitgemäßer«. Dies hängt vor allem auch mit der

Art meines Schaffens zusammen. Der wahre »Zeitgemäße« ist Richard Strauss. Darum genießt er die Unsterblichkeit schon hienieden. Ich schätze auch sein musikdramatisches Schaffen höher denn sein symphonisches und glaube, daß die Nachwelt es ebenso tun wird.[91]

Mit dem musikdramatischen Schaffen kann Mahler zu dieser Zeit nur »Salome« gemeint haben, da »Elektra« noch nicht vollendet war und er bestimmt nicht zu den Überschätzern von »Guntram« und »Feuersnot« zählte. Sogar sein Urteil über »Salome« schwankte, ehe er das Werk in der Berliner Aufführung gesehen hatte. Vorher war er nicht sicher, ob es sich um ein Meisterwerk oder bloß um ein virtuoses Werk handelte. Im Dezember 1906 kam Strauss nach Wien, wo er am 16. die Philharmoniker, mit denen er in Salzburg Bekanntschaft gemacht hatte, in einem Konzert dirigierte. Seinem Kalender zufolge war er an diesem Tag bei Mahler zu Mittag geladen. Wenige Wochen danach fuhr Mahler nach Berlin, um in einem Philharmonischen Konzert seine III. Symphonie zu dirigieren. Von diesem Berliner Aufenthalt sind sechs Briefe an Alma erhalten, in denen Strauss eine dominierende Rolle spielt. Die Begegnungen mit ihm, vielmehr die daraus resultierenden Emotionen, klingen sogar noch in zwei Briefen nach, die Mahler aus Frankfurt am Main schrieb, wohin ihn unmittelbar danach seine Reise führte. In einem Berliner Brief verbreitet sich Mahler, ganz gegen seine Art und offensichtlich um Almas Ansichten über Pauline Strauss zu bekräftigen, über den Empfang, der ihm zuteil geworden war.

Gestern Nachmittag war ich bei Strauss. Sie empfing mich bei der Thüre mit: Pst! Pst! Richard schläft, zog mich in ihr (sehr schlampiges) Boudoir, wo ihre alte

Mama bei Kaffe (nicht Kaffee) saß und überschüttete mich mit einem Wolkenbruch von Tratsch über sämtliche finanziellen und sexuellen Ereignisse der letzten beiden Jahre, frug dazwischen hastig über »tausend und ein« Ding, ohne die Antwort abzuwarten, ließ mich unter keinen Umständen gehen, erzählte, daß Richard gestern Früh in Leipzig eine anstrengende Probe gehalten, dann nach Berlin zurückgefahren, abends die Götterdämmerung dirigirt und heute matsch, nachmittag sich schlafen gelegt, und sie sorgsamst seinen Schlaf bewacht. Ich war ganz gerührt. Plötzlich fuhr sie auf: Jetzt muß der Schlingel aber geweckt werden. Ohne daß ich es verhindern konnte, zog sie mich mit beiden Fäusten in sein Zimmer und fuhr ihn mit Stentorstimme an: Aufstehen! Gustav ist da! (Eine Stunde lang war ich Gustav – nachher plötzlich wieder der Herr Direktor). Strauss fuhr auf, lächelte mit Duldermiene und nun giengs zu 3en sehr lebhaft in den Quatsch und Tratsch wieder zurück. Dann tranken wir Thee und sie brachten mich per Automobil ins Hotel zurück, nachdem sie mit mir ausgemacht, daß ich Samstag mit ihnen zu Mittag speise [...][92]

Das Mittagessen, zu dem Mahler geladen war, wurde von ihm nicht so ausführlich beschrieben, weil ihm »die detaillierte Schilderung [...] in der Kehle stecken geblieben« war. Offensichtlich war er beleidigt oder eifersüchtig, weil neben ihm auch der Dirigent Leo Blech zu Gast war.

[...] und (der Richard) wie er so zerstreut und conventionell die Sonne seiner Gnade zwischen mir und Blech vertheilt und daß die respectvolle und freundschaftliche Fürsorge, die ich ihm in solchen Fällen zu Theil werden lasse, ohne jeden Widerhall, ja wahrscheinlich, ohne überhaupt bemerkt zu werden, an ihm verpufft. – Ich bin nun ganz irre an mir und der Welt, wenn ich so was immer wieder auf's Neue erlebe! Sind denn die Menschen aus einem andern Stoff als ich?[93]

Diese Frage beantwortete Strauss mit einem einzigen Wort, das er an den Rand setzte: »Ja.« Er hatte wohl recht: sie waren aus verschiedenem Stoff, und der Stoff, aus dem Strauss gemacht war, enthielt zuviel gesunde Natürlichkeit, um aus Mahlers widersprüchlichen Urteilen herauszulesen, daß ihm Freundlichkeit, die auch Leo Blech zuteil wurde, nicht genügte, daß er mehr wollte, nämlich Freundschaft, Zuneigung. Mehrfach hat Mahler in seinen Briefen betont, daß Strauss »sehr lieb« sei, sobald er mit ihm allein wäre. Trotzdem scheint er nie auf den Gedanken verfallen zu sein, gerade aus dieser Beobachtung auf Straussens besondere Zuneigung zu schließen. Schon am Tag nach dem desperaten Brief, in dem Mahler an sich und Strauss und der Welt irre wurde, zeigte sich Mahler wieder zufrieden.

Übrigens traf ich Strauss vor der Vorstellung im Opernhause – der war wieder (allein) sehr lieb und bestand darauf, nachher mit mir zusammen zu sein. Wir trafen uns, er, seine Frau und Schwiegermutter [...] in einem Restaurant und sprachen sehr lieb und eingehend über Alles. Es war durchaus erfreulich bis auf die temperamentvollen Intermezzi, die das ewig Weibliche lieferte.[94]

Doch auch dabei blieb es nicht, denn Strauss blieb Mahlers Konzert fern und entschuldigte sich mit einem freilich sehr schmeichelhaften Kärtchen (St 26). Mahler kränkte sich – man darf es ihm glauben –, tröstete sich aber selbst, indem er die Schuld an Straussens Abwesenheit Frau Pauline zuschob.

Kränkend war es für mich, daß Strauss nicht im Concert war. Als ich nach Hause kam, fand ich beiliegendes Kärtchen, höchstwahrscheinlich, wie ich es jetzt überschaue, hat es ihm Frau Pauline nicht erlaubt![95]

Wichtiger indes als diese emotionellen Irritationen waren die zwei Aufführungen von »Salome«, die Mahler in Berlin sah und die sein Urteil über dieses Werk, das vorher noch schwankte, endgültig festlegten. Mahler erlebte die Aufführung vom 9. Januar 1907, die von Leo Blech dirigiert wurde, und die Aufführung vom 12. Januar, bei der Strauss selbst am Pult stand. Nach der ersten Vorstellung schrieb er an Alma die bereits auszugsweise zitierten Sätze, mit denen er das Bild, das er sich von Strauss gemacht hatte, revidierte und darüber glücklich war.

Es ist ein ganz geniales, sehr starkes Werk, das entschieden zu dem Bedeutendsten gehört, was unsere Zeit hervorgebracht! Es arbeitet und lebt da unter einer Menge Schutt ein Vulcan, ein unterirdisches Feuer – nicht ein bloßes Feuerwerk! Mit der ganzen Persönlichkeit Straussens verhält es sich wol ebenso! Daher ist so schwer bei ihm Spreu vom Weizen zu scheiden. Aber ich habe einen Riesenrespect vor der ganzen Erscheinung gewonnen und auf's Neue befestigt. Ich freue mich riesig darüber! Da kann ich ganz mit! Gestern hat Blech (vortrefflich) dirigirt. Samstag dirigirt Strauss und ich gehe wieder![96]

Und am 13. Januar 1907 schrieb Mahler über die von Strauss selbst dirigierte Vorstellung an seine Frau:

Gestern also in Salome! Mein Eindruck hat sich immer noch verstärkt, und ich bin fest durchdrungen davon, daß das eines der größten Meisterwerke unserer Zeit ist. – Ich kann es mir nicht zusammenreimen und nur ahnen, daß aus dem Innern des Genies die Stimme des

»Erdgeistes« tönt, der sich eben seine Wohnung nicht nach menschlichem Geschmack, sondern nach seinen unergründlichen Bedürfnissen baut. Vielleicht lehrt mich die Zeit dieses »Gehäuse« noch besser verstehen![97]

Mahler war keine Zeit gegönnt, Strauss besser kennen und verstehen zu lernen. Als er von der Konzertreise im Januar 1907, die ihn nach Berlin und Frankfurt geführt hatte, nach Wien zurückkehrte, war bereits jene Zeitungshetze im Gange, die wenige Monate später zu seiner Demission als Hof-Operndirektor führte. Mahler fuhr zwar in diesem Jahr noch zweimal nach Berlin, doch beide Male war der Aufenthalt so kurz, daß es zweifelhaft erscheint, ob er Strauss überhaupt gesehen hat. Aus dem ganzen Jahr 1907 – einem Schicksalsjahr für Mahler – sind auch nur zwei Briefe an Strauss erhalten. In dem einen (M 60) empfahl er Schönbergs Streichquartett op. 7 zur Aufführung bei der nächsten Tonkünstlerversammlung, im zweiten (M 61) verwendete er sich für seinen Ausstattungschef Alfred Roller.

Mahler trat aus freien Stücken ab. Er hatte genug! Genug von der ungeheuren Arbeitslast und Verantwortung, genug von den gehässigen Zeitungen, genug von der Zensur. Wenige Wochen nach diesem Entschluß, den er freiwillig faßte und der doch eine Wunde schlug, traf ihn ein weiterer Schlag. Die erstgeborene seiner beiden kleinen Töchter starb noch nicht fünfjährig an Diphtherie. Wenige Tage später konstatierte der Arzt an Mahler ein Herzleiden. Diese drei Hammerschläge veränderten nicht nur sein Lebensgefühl und seine Gemütslage, sondern seine Existenz. Der Mann, der sich im Dezember 1907 nach Amerika einschiffte und im Januar 1908 in New York

»Tristan und Isolde« dirigierte, war ein anderer als der verletzliche Künstler, der noch ein Jahr vorher mit dem Problem Strauss gerungen hatte.

Wir können also annehmen, daß Mahlers seltsame Fixierung an Strauss im Jahre 1907 ihren Höhepunkt und ihr Ende gefunden hat, zumindest existieren keinerlei Zeugnisse, die eine Fortdauer belegen. Zwei Spielzeiten hindurch dirigierte Mahler an der Metropolitan Opera in New York; das Angebot, die Direktion dieses Opernhauses zu übernehmen, lehnte er ab. Von 1909 bis 1911 finden wir ihn als Leiter des New York Philharmonic Orchestra. Sechs bis sieben Monate des Jahres verbrachte er in Europa, um eigene Werke zu dirigieren, vor allem aber, um mit mehr Muße als früher eigene Werke zu schaffen. Obwohl er in Amerika als Opern- und Konzertdirigent bestimmt sein Bestes gab, war er doch frei von der perfektionistischen Besessenheit, die ihn als Wiener Operndirektor ausgezeichnet hatte. Sein Ziel war, einige Jahre lang große Anstrengungen auf sich zu nehmen und damit die nötigen Mittel zu erwerben, mit denen er sich komfortabel zur Ruhe setzen und ganz dem Komponieren leben konnte. Dies waren Strauss'sche Maximen, wenn man es recht bedenkt, Maximen freilich, über die Mahler und Gattin die Nase rümpften, wenn Strauss oder gar Frau Pauline sie verkündeten. In einem Brief aus New York an seinen alten Freund, den Musikwissenschaftler Guido Adler, hat Mahler diese Lebensführung à la Strauss beschrieben und verteidigt.

Ich lege mich oft nach den Proben ins Bett (ich hörte zuerst von Richard Strauss von dieser Hygiene), weil es mich prachtvoll ausruht und mir ausgezeichnet bekömmt. In Wien hatte ich zu so was eben keine Zeit. –

Ich habe sehr viel zu tun, aber durchaus nicht zuviel wie in Wien. Im ganzen fühle ich mich bei dieser Tätigkeit und Lebensweise frischer und wohler als seit vielen Jahren [...]
Ich brauche eine praktische Betätigung meiner musikalischen Fähigkeiten unbedingt als Gegengewicht gegen die ungeheuren inneren Ereignisse beim Schaffen: und gerade die Leitung eines Konzertorchesters war lebenslang mein Wunsch. Ich bin froh, dies einmal in meinem Leben zu genießen (abgesehen davon, daß ich dabei wieder manches lerne, denn die Technik der Theater ist eine ganz verschiedene, und ich bin überzeugt, daß eine Menge meiner bisherigen Unzulänglichkeiten im Instrumentieren nur daher rühren, daß ich gewöhnt bin, unter dem gänzlich verschiedenen akustischen Verhältnis des Theaters zu hören) [...] Ferner: Ich brauche einen gewissen Luxus, eine Behaglichkeit der Lebensführung, die mir meine Pension (das einzige, was ich in einer beinahe dreißigjährigen Dirigententätigkeit erwerben konnte) nicht hätte erlauben können. Daher war es ein willkommener Ausweg für mich, daß mir nunmehr Amerika nicht nur eine meinen Neigungen und Fähigkeiten adäquate Tätigkeit, sondern auch einen reichlichen Lohn dafür geboten hat, der mich nun bald instand setzen wird, den mir noch beschiedenen Abend meines Lebens in menschenwürdiger Weise zu genießen [...][98]

Der Name Strauss, obwohl nur einmal genannt, klingt in den folgenden Abschnitten dieses Briefes mit, auch in Mahlers Bemerkung über Instrumentation und Theaterakustik. Mahler hat mit seinem amerikanischen Orchester übrigens sehr viele Werke von Strauss aufgeführt. In den zwei Wintern, in denen er das Philharmonic Orchestra leitete, dirigierte er »Till Eulenspiegels lustige Streiche«, »Tod und Verklärung«, »Don Juan«, die »Guntram«-Vorspiele, »Ein Heldenleben«, »Also sprach Zarathustra« sowie zwei Lieder.

Strauss war Mahler wie seit altersher ein wenig voraus. Der Erfolg der »Salome«, die in kürzester Zeit über alle bedeutenden Opernbühnen der Welt mit Ausnahme der Wiener Hofoper ging, und die daraus resultierenden Einnahmen gestatteten ihm, seinen Vertrag mit der Berliner Oper im Jahre 1909 zu lösen. Er verpflichtete sich lediglich zur Leitung einiger Opernabende und zur Betreuung der Konzerte der Königlichen Kapelle, die er ein Jahr vorher übernommen hatte. Am 19. Januar 1909 führte er mit diesem Orchester Mahlers IV. Symphonie auf, am 3. Dezember 1909 die I. Symphonie. Bisher ein »Ferienkomponist« wie Gustav Mahler auch, hatte Strauss nun Zeit und schrieb an seinen Opernpartituren im Arbeitszimmer der Garmischer Villa, die er aus den »Salome«-Erträgen erbaut hatte. Als er »Elektra« komponierte, war er noch von Opernarbeit überbürdet und mußte um Urlaub ansuchen, um das Werk vollenden zu können. Zwischen Beginn und Fertigstellung lagen mehr als zwei Jahre. Die umfangreichere Partitur des »Rosenkavalier« konnte er in siebzehn Monaten vollenden.

Von Mahlers Einstellung zu »Elektra« wissen wir nur wenig. Strauss notierte viele Jahre später in eines seiner Tagebücher:

Meine harmonisch kühnste [Stelle] ist vielleicht die Halbtraumerzählung der Klytämnestra, wo der Orgelpunkt als Alpdruck funktioniert. Ein Stück, vor dem auch Mahler (es war das letzte, was ich ihm vorspielte) nicht mehr mitkonnte. [99]

Dieses Vorspielen könnte im Dezember 1906 in Wien

oder im Januar 1907 in Berlin stattgefunden haben. Möglicherweise jedoch gab es zwischen Januar 1907 und Sommer 1909 noch eine oder mehrere persönliche Begegnungen zwischen Mahler und Strauss, bei denen Mahler Bekanntschaft mit »Elektra« machte. Das Wiener Hof-Operntheater brachte kurz nach der Dresdener Uraufführung eine Inszenierung von »Elektra« heraus, doch Mahler hat sie, obwohl bestimmt interessiert, nicht gesehen (M 62). Er hat das Haus, in dem er zehn Jahre lang Direktor war, seit seinem offiziellen Abgang nicht mehr betreten. Alma Mahlers Buch zufolge lernte er »Elektra« in der folgenden Saison im Manhattan Opera House in New York kennen.

Diese Oper mißfiel Mahler derart, daß er mittendrin weggehen wollte. Wir blieben und gestanden uns nachher einmütig, daß wir uns selten so gelangweilt hätten. Das Publikum entschied gegen uns.[100]

Im August 1909 unternahm die Familie Strauss von Garmisch aus, wo es regnete, eine Automobiltour nach Südtirol und suchte bei dieser Gelegenheit Mahler in seinem Urlaubsort Toblach auf (St 27). Alma Mahler widmet diesem Besuch mehr als eine Druckseite ihres Buches. Sie erinnert sich aber nur der Aussprüche von Frau Pauline und verliert kein Wort über Richard Strauss und seine damaligen Gespräche. In einem Brief vom September 1909 (M 63) nahm Mahler auf diese sommerliche Begegnung Bezug und bedauerte, daß sie so kurz gedauert habe, »beinahe wie zwischen Potentaten«.

Sie waren tatsächlich zwei Musikpotentaten. Die Zeiten, da Mahler auf Straussens Fürsprache im Allgemeinen Deutschen Musikverein angewiesen war, gehörten der Vergangenheit an. Schon hatten die Vorbereitungen zur Uraufführung der VIII. Symphonie begonnen, die im

September 1910 in der neuen Ausstellungshalle in München stattfinden sollte. Einige Monate vorher sollte es daselbst eine Richard-Strauss-Woche geben. In New York war Mahler damit beschäftigt, das Aufführungsmaterial zur VIII. Symphonie vorzubereiten. Als er den Klavierauszug korrigiert hatte, übersandte er ihn seinem Wiener Verleger samt einer Liste und ersuchte ihn, an die darin genannten Herren in seinem Namen je ein Exemplar zu senden, sobald der Auszug gedruckt sei. An der Spitze der Liste, die insgesamt vierzehn Namen enthielt, stand »Generalmusikdir. Dr. Strauss« [101], in Mahlers Bewußtsein immer der erste.

Strauss war auch unter den zahlreichen prominenten Gästen, die am 12. September 1910 die Uraufführung der VIII. Symphonie hörten. Ob er mit Mahler bei diesem Anlaß mehr als ein paar Worte wechseln konnte, ist unbekannt. Ebenso der Eindruck, den dieses Werk, vom Veranstalter »Symphonie der Tausend« benannt, auf Strauss gemacht hat.

Zu Mahlers fünfzigstem Geburtstag im Juli 1910 bereitete der Wiener Musikschriftsteller Paul Stefan, ein Bewunderer Mahlers und einer seiner frühesten Biographen, eine Festschrift vor, für die auch Richard Strauss einige Zeilen zur Verfügung stellte. Seine Widmung ist kurz, doch von höchster Anerkennung getragen. Besonders der letzte Satz muß Mahler wohlgetan haben, weil er sich in der Kunst der Instrumentation lange Jahre unsicher und Strauss unterlegen gefühlt hatte.

Gustav Mahlers Kunstschaffen gehört meines Erachtens zu den bedeutendsten und interessantesten Erscheinungen der heutigen Kunstgeschichte. Wie es mir als einem der ersten vergönnt war, für seine sinfonischen Schöpfungen vor der Öffentlichkeit einzutreten, so erachte ich es als eine meiner schönsten Pflichten, denselben auch weiterhin durch Wort und Tat zu derjenigen allgemeinen Anerkennung zu verhelfen, derer sie in so hohem Maße würdig sind. Die Plastik seiner Instrumentationskunst insbesondere ist absolut vorbildlich.

Dr. Richard Strauss [102]

Im Februar 1911 mitten in der New Yorker Saison wurde Mahler schwer krank. Die amerikanischen Ärzte, die keine Aussicht auf Genesung sahen, gestatteten den Transport des Patienten nach Europa. Als auch die Pariser Medizin kein Heilmittel fand, wurde Mahler seinem Wunsch entsprechend mit der Bahn nach Wien gebracht. Die österreichischen und deutschen Zeitungen berichteten von seinem Aufenthalt in Paris und von seiner Reise nach Wien mit einer Genauigkeit, die sonst nur »Potentaten« vorbehalten war. Strauss muß also auch ohne direkten Kontakt mit Mahlers Familie über alles informiert gewesen sein. Eine Woche vor Mahlers Tod schrieb er ihm einen Brief (St 28), der Mahler noch erreichte und von dem Alma an Strauss schrieb, daß er »eine der letzten Freuden Gustavs« war. Vielleicht hat Mahler unter dem etwas gewollt munteren Tonfall dieses Briefs doch die warme Sympathie gespürt, nach der er sich so viele Jahre gesehnt hatte.

Mahler starb am 18. Mai 1911 in Wien. Strauss notierte in sein Tagebuch:

Gustav Mahler nach schwerer Krankheit [...] verschieden.

Der Tod dieses hochstrebenden, idealen und energischen Künstlers ein schwerer Verlust. Die ergreifenden Memoiren Wagners mit Rührung gelesen. Lecture deutsche Geschichte im Zeitalter der Reformation

Leop. Ranke: durch sie wird mir hell bestätigt, daß alle dort die Cultur fördernden Elemente seit Jahrhunderten nicht mehr lebenskräftig, wie alle großen politischen und religiösen Bewegungen nur eine Zeitlang wirklich befruchtend wirken können.

Der Jude Mahler konnte im Christentum noch Erhebung gewinnen.

Der Held Richard Wagner ist als Greis durch den Einfluß Schopenhauers wieder zu ihm herabgestiegen.

Mir ist es absolut deutlich, daß die deutsche Nation nur durch die Befreiung vom Christentum neue Tatkraft gewinnen kann. [...] Ich will meine Alpensinfonie: den Antichrist nennen, als da ist: sittliche Reinigung aus eigener Kraft, Befreiung durch die Arbeit, Anbetung der ewigen herrlichen Natur. [103]

Wenn wir die Gedanken betrachten, die Strauss durch den Kopf gingen, als er von Mahlers Tod erfuhr, sehen wir in aller Schärfe, was diese beiden Komponisten verband und was sie trennte. Strauss zeigte sich nach wie vor unter Nietzsches Einfluß, dem Mahler schon vor der Jahrhundertwende entwachsen war, wenn es jemals ein philosophischer und nicht ein bloßer literarischer Einfluß gewesen ist. Die von Nietzsche hergeleitete Position wird auch gegenüber dem »Helden« Richard Wagner gehalten, dessen »Parsifal« den Philosophen zu einer Schmähschrift veranlaßt hatte. Noch mehr: Strauss wollte seine »Alpensinfonie«, an der er gerade arbeitete, in Anlehnung an Nietzsches »Versuch einer Kritik des Christentums« den »Antichrist« nennen, was jedoch unterblieb. »Was ist schädlicher, als irgendein Laster?«, fragte Nietzsche in seinem »Antichrist« und antwortete: »Das Mitleiden der Tat mit allen Mißratnen und Schwachen – das Christentum.« Mahler bekannte sich zu einem solchen Mitleiden, zu dem ihn allerdings kaum das Neue Testament, sondern der Dichter Dostojewski bekehrt hatte.

Strauss konzedierte Mahler als Juden seine Hinwendung zum Christentum. Offenbar sah er im Christentum doch die Weiter- und Höherentwicklung des älteren jüdischen Glaubens, so wie er auch – und dies im Gegensatz zu Nietzsche – die Reformation, die er nach Ranke studierte, noch als kulturfördernd bejahte. Die Ansicht, daß Mahler im Christentum »Erhebung« gewonnen habe, mag aus den vielen Gesprächen herrühren, welche die beiden Komponisten im Lauf ihrer vierundzwanzigjährigen Bekanntschaft geführt haben, stammt aber vielleicht bloß von dem Erlebnis der VIII. Symphonie her, die Strauss acht Monate vorher gehört hatte. Der mittelalterliche lateinische Hymnus »Veni creator spiritus«, der den ersten Teil der Symphonie bildet, wurde von Strauss wohl mit Recht als Bekenntnis zum Christentum gewertet. Daß es keine enge, konfessionelle Auffassung war, bestätigt der zweite Teil der Symphonie, in dem die Schlußszene des zweiten Teils von »Faust« vertont wurde. Auch hier wird ein katholisches Personarium zum Klingen gebracht, aber in der Gestaltung eines Dichters, der über die Heiligen gebot wie über die Fabelwesen der Antike, der sich seinen Himmel selbst schuf, wie er auch seinen ureigenen Teufel geschaffen hatte, und der diesen Himmel das Gesetz verkünden ließ, nach dem er gelebt hatte und nach dem er erlöst sein wollte. Auch Mahler hat sich in seinen Symphonien den Himmel selbst gebaut. Er hat in Tönen den Sinn des Lebens und Leidens gedeutet und die Auferstehung verkündet, und der Himmel seiner IV. Symphonie, die Strauss so schätzte, war ein jubilierender, beglückender. Ein paar Verse aus »Des Knaben Wunderhorn«, ein lateinischer Hymnus, Goethes »Faust«, ja vielleicht die gesamte christliche Lehre dienten ihm als Bausteine für seine musikalische Erlösungslehre.

Dank seiner historischen Bildung erkannte Strauss, und dies etliche Jahre vor Oswald Spengler, daß die großen religiösen und politischen Bewegungen nur eine Zeitlang wirksam bleiben und allmählich erstarren und absterben. Das Christentum erschien ihm daher als Ballast und sein Abwerfen als Voraussetzung für den neuen Aufschwung der deutschen Nation, den er erhoffte. Sich selbst – und wohl auch der gesamten Nation – verordnete er sittliche Reinigung aus eigener Kraft, Befreiung durch Arbeit, Anbetung der ewigen herrlichen Natur. In diesen drei Forderungen hätte er sich mit Mahler wieder getroffen; ja, man kann annehmen, daß das Bekenntnis zu diesen Maximen – ausgesprochen oder unausgesprochen – die Grundlage ihrer gegenseitigen Achtung bildete. Strauss konnte noch nicht ahnen, daß die ethischen Maßstäbe, die er an sich anlegte, zwei Jahrzehnte später zu Schlagworten einer sich zu Unrecht auf Nietzsche berufenden Propaganda werden sollten.

Strauss hat Mahler um achtunddreißig Jahre überlebt, aber nie vergessen. Es sollten sogar Jahre kommen, in denen er tagtäglich an ihn dachte, weil er in den Räumen ein und aus ging, in denen Mahler gearbeitet hatte, und weil er den gleichen Freuden und Ärgernissen gegenüberstand. Im Oktober 1918 war »Salome« endlich in die Wiener Oper eingezogen. Einige Monate später, im August 1919, zog Strauss selbst in die Direktionsräume der Oper ein, die nun nicht mehr Hof-Operntheater, sondern Wiener Staatsoper hieß. Sein Mitdirektor war Franz Schalk, den Mahler als Dirigenten engagiert hatte, im Orchester saßen die Philharmoniker, von denen die

Mehrzahl noch unter Mahler musiziert hatte, und auf der Bühne standen noch viele Sänger, die – je nach Einsicht – Mahler geliebt oder gehaßt hatten.

Schon in den ersten Wochen seiner Amtstätigkeit erlebte Strauss eine ähnliche Pressekampagne wie Mahler in seinem letzten Jahr, doch er trug sie leichter, weil er das glücklichere Temperament hatte und weil er außerdem das Spektakel schon von ferne an Mahler miterlebt hatte. Mit den Philharmonikern verstand sich Strauss besser als sein Vorgänger. Höhepunkt der Freundschaft zwischen Komponist und Orchester war eine Südamerika-Tournee im Sommer 1923. Bei dieser Konzertreise setzte Strauss den Lateinamerikanern auch zwei Symphonien von Mahler vor, und zwar seine Lieblingssymphonien, die I. und die IV. Mahler hatte die Wiener Oper zehn Jahre lang ertragen, Strauss ertrug sie bloß sechs. Er demissionierte im Herbst 1924.

Als Strauss gerade daran war, »Die schweigsame Frau« zu vertonen, deren Buch ein jüdischer Schriftsteller aus Österreich, Stefan Zweig, für ihn verfaßt hatte, ergriff im Januar 1933 Hitler die Macht. Strauss dachte sich nicht allzuviel dabei. Er hatte im deutschen Kaiserreich gewirkt und im republikanischen Deutschland und in der Republik Österreich; seine Opern- und Orchesterwerke wurden in aller Welt gespielt. Regierungen kamen und gingen, so mochte er denken; was blieb, war die Kunst. Als er Mitte November 1933 zum Präsidenten der Reichsmusikkammer ernannt wurde, nahm er das Amt an. Vielleicht ließ er sich von den neuen Machthabern täuschen; vielleicht hoffte er, kraft seines Ansehens Gutes wirken oder Böses verhindern zu können. Vielleicht war er doch etwas weltfremd trotz seiner Weltläufigkeit. Nur so ließe sich der Brief deuten, den Strauss am 13. Dezember 1933 an den Dirigenten Wilhelm Furtwängler schrieb, ein naiver Brief, der beweist, daß Strauss in Hitlers Reich er selbst blieb, auch in seiner Haltung gegenüber Mahler.

Geheimrat Spieß schrieb mir soeben, daß ein Frankfurter Kulturgauwart gegen eine Aufführung von Debussys »Nocturne« im Museumskonzert protestiert hat, er hat diesen Brief an Dr. Benecke geschickt. Herr Minister Goebbels hat mich zwar unlängst beauftragt, Übergriffe derartiger Provinzcäsaren ihm direkt zu melden, ich glaube aber, daß dies kaum nötig ist, denn Sie sind doch die oberste Aufsicht über die Konzertprogramme und ich bitte Sie, Herrn Geheimrat Spieß zu schreiben, daß einer Aufführung der »Nocturne« ebensowenig im Weg steht, wie einer Mahlerischen Symphonie, die er sich bis jetzt noch nicht auf das Programm zu setzen getraut hat. Vielleicht tragen Sie auch Sorge, daß diesem Kulturwart jede künftige Einmischung in die Programmbildung des Museums verboten wird [...][104]

Die Aufführung einer Mahler-Symphonie im Dritten Reich konnte Strauss natürlich nicht erwirken. Daß er die Uraufführung der »Schweigsamen Frau« mit dem Namen Zweig auf dem Theaterzettel durchsetzte, war schon viel. Die Folge war, daß man ihm bald seine Demission als Präsident der Reichsmusikkammer nahelegte.

Im Frühling 1938 wurde Österreich annektiert. Unter den vielen, die da flüchteten, befand sich auch Alma Mahler, Witwe nach Gustav Mahler und in dritter Ehe mit dem Schriftsteller Franz Werfel verheiratet. Von Paris, wo sie erste Zuflucht gefunden, reiste sie nach Holland, um an Mahler-Aufführungen des Dirigenten Willem Mengelberg teilzunehmen. Amsterdam, wo man sie als die Gefährtin des Komponisten ehrte, erschien Alma als friedliches Paradies. Sie wurde interviewt und immer wieder zum Erzählen aufgefordert, bis endlich ein Vertreter des holländischen Verlages Allert de Lange bei ihr erschien, um ihr einen Vertrag über ein Mahler-Buch anzubieten. Almas Darstellung zufolge war dieses Buch längst geschrieben; sie mußte es nur noch für die Drucklegung redigieren.

Unter Alma Mahlers Papieren, die in der University of Pennsylvania aufbewahrt werden, befindet sich auch die Kopie eines Typoskripts mit zahlreichen handschriftlichen Ergänzungen und Korrekturen, das den Titel »Ein Leben mit Gustav Mahler« trägt. Es stellt eine frühere Fassung des Buches »Gustav Mahler. Erinnerungen und Briefe« dar, das 1940 in Amsterdam herauskam. So wie die Druckausgabe teilt sich auch das Typoskript in zwei große Abschnitte: Almas Erinnerungen und Gustav Mahlers Briefe an Alma. Eingestreut in diesen Brief-Teil finden wir Briefe verschiedener Absender an Mahler. Almas ursprüngliche Absicht war, auch etliche Briefe von Strauss aufzunehmen, denn im Typoskript sind Abschriften von nicht weniger als zwölf Briefen enthalten, die Strauss zwischen 1904 und 1909 an Mahler gerichtet hatte. Im Sommer 1939 scheint sie sich aus der Emigration mit der Bitte um das diesbezügliche Veröffentlichungsrecht an Strauss gewendet zu haben. Sie erhielt einen abschlägigen Bescheid. In Alma Mahler-Werfels Nachlaß befindet sich folgender Brief in Strauss' Handschrift.

Richard Strauss

Garmisch

9. 8. 39

Liebe Frau Mahler!

Verzeihen Sie, daß ich unter der Last der Geburtstagsarbeit bis heute nicht geantwortet habe. Ich beeile mich

Ihnen zu sagen, daß ich eine Veröffentlichung meiner Briefe selbst an den lieben Gustav nicht gestatten kann. Mit Ausnahme meines Briefwechsels mit Hofmannsthal, der mir eine künstlerische Notwendigkeit schien, habe ich bis jetzt alle Bitten nach Briefveröffentlichungen (vor kurzem erst noch Frau Hermann Bahr) abgelehnt u. kann nun auch der Consequenzen halber leider Ihre Bitte nicht erfüllen, was Sie gewiß verstehen werden!

Im Übrigen geht es uns gut: ich arbeite an einer neuen Oper u. hoffe auch Sie u. Ihren lieben Gatten in gutem, tätigem Wohlbefinden.

Mit schönsten Grüßen für Sie Beide, auch von Pauline

Ihr DRichard Strauss [105]

Dieser Brief scheint Alma Mahler maßlos erbost und den unmittelbaren Anlaß zu der Vorrede gebildet zu haben, die das Buch »Gustav Mahler. Erinnerungen und Briefe« einleitet und mit »Sanary sur mer, Sommer 1939« datiert ist. In dieser Vorrede versichert Alma Mahler, es sei ursprünglich nicht in ihrer Absicht gelegen, dieses Erinnerungsbuch bei ihren Lebzeiten zu veröffentlichen. Nun aber habe sich die europäische Welt grundlegend verändert. Die Mahler-Büste von Auguste Rodin, die sie der Wiener Staatsoper geschenkt hatte, sei von ihrem Standort entfernt worden, die nach Mahler benannte Straße bei der Wiener Oper heiße nun Meistersingerstraße, die für ein Mahler-Denkmal gesammelten Geldmittel seien einem nationalsozialistischen Wohlfahrtsfonds zugeleitet worden.

Auch ich fühle mich daher nicht mehr behindert, von Erlebnissen mit Menschen offen zu berichten, die heute noch im Dritten Reiche wirken und eine Rolle spielen. Die Türen sind zugefallen. Von beiden Seiten her.

Alles was von Richard Strauss erzählt wird, beruht auf den frischen Eintragungen meines Tagebuchs. Man darf nicht vergessen, daß dieser größte Meister der zeitgenössischen Musik im ersten Jahrzehnt unseres Jahrhunderts der einzige Rivale Gustav Mahlers war.[106] Mit diesen Sätzen in der Einleitung gab Alma Mahler ihrem Buch ein besonderes Vorzeichen. Es war nicht bloß ein Buch über Mahler, sondern auch ein Buch gegen Strauss. Zu ihrer Ehre sei festgestellt, daß sie die vielen bösen Worte über Strauss nicht erst im August 1939 unter dem Eindruck seiner Absage geschrieben hat. Sie stehen schon in dem sichtlich aus früheren Zeiten stammenden Typoskript und wurden bei der Endredaktion eher gemildert als verschärft. Als das Buch erschien, war Strauss schon lange, fünf Jahre, nicht mehr Präsident der Reichsmusikkammer, aber er komponierte und dirigierte, wurde geehrt und gefeiert und saß mit den Seinen in der Garmischer Villa, während der Held von Almas Buch als Jude verfemt war und Alma selbst wegen ihres dritten Mannes das Los einer Emigrantin auf sich genommen hatte. Durch die politische Situation erfuhren Alma Mahlers Invektiven eine scheinbare Rechtfertigung. Belanglose Begebenheiten, die mehr als dreißig Jahre zurücklagen, gewannen eine falsche Aktualität, Trivialitäten, die man jederzeit als Klatsch eingestuft hätte, verzerrten sich zu Anklagen. Durch Almas politische Vorrede stand alles in anderem Licht da. Es war bestimmt nicht das richtige Licht, um die komplexen und komplizierten Beziehungen zwischen Mahler und Strauss zu erhellen.

Im Herbst 1945, bald nach der Niederwerfung des Dritten Reichs, suchten Richard Strauss und seine Frau in der Schweiz Zuflucht vor Hunger, Kälte und den Anfeindungen, die dem ehemaligen Präsidenten der Reichsmusik-

kammer galten. Sie blieben mehr als drei Jahre. In dieser
Zeit entwarf Strauss für Bernhard Paumgartner, der im
Begriffe war, die Salzburger Festspiele neu zu beleben,
eine »Salzburger Componisten-Liste (mit Einschluß der
Sachsen Händel und Richard Wagner)«, die für die Auf-
stellung von Konzertprogrammen der Festspiele bestimmt war. Auf dieser Liste war Mahler mit der I. und
IV. Symphonie und mit dem »Lied von der Erde« vertreten [107].

Wenige Wochen später fand Strauss in der Bibliothek seines Schweizer Freundes und späteren Biographen Willi
Schuh ein Exemplar von Alma Mahlers Buch und machte
sich an die Lektüre. Einige seiner handschriftlichen Randbemerkungen zu einzelnen Darstellungen Alma Mahlers
wurden in diesem Aufsatz an den entsprechenden Stellen
zitiert. Auf das Vorsatzpapier des Bandes schrieb Strauss
am 28. Dezember 1946 in begreiflicher Erregung einige
aufgebrachte Worte über Alma, aus denen hervorgeht,
daß ihn die boshafte Charakterisierung seiner Frau mehr
verletzt hat als die eigene.

Mich persönlich wundert an dem selbst für Mahler
nicht sehr schmeichelhaften Buche, daß Mahler, den
ich als Künstler sehr geschätzt u. dem ich nur freundschaftlich begegnet bin, daß er anscheinend nicht die
kleinste Spur von Dankbarkeit dafür hatte, daß ich ihm
den Weg in die Öffentlichkeit gebahnt habe [...]

Wer Alma Mahlers Buch kennt, wird Strauss zubilligen,
daß er mit gutem Grund beleidigt war. Begreiflicherwei-
se wirkte die soeben beendete Lektüre stärker als das Erlebte, das viele Jahrzehnte zurücklag. Seine Erinnerungen
an die einstigen Gespräche und an die herzlichen Briefe,
die er von Mahler empfangen hatte, wurden ausgelöscht
von einer Darstellung, die verletzen wollte und dieses

Ziel auch erreichte. Mahlers Briefe an Alma, die in dem Band veröffentlicht sind, schwanken, wenn auf Strauss die Rede kommt, zwischen Respekt und Verachtung, zwischen Zu- und Abneigung. Ein solches Auf und Ab der Empfindungen, eine emotionelle Fieberkurve, mußte dem gesunden Sinn eines Richard Strauss, der »nicht den Boden unter den Füßen verlor«, unverständlich erscheinen.

Alma Mahler hätte diese Widersprüche aufklären können, doch war ihr offenbar nicht daran gelegen. Was sie geschrieben hat, und mehr noch, was sie verschwieg, war geeignet, das Bild der Beziehung zwischen Strauss und Mahler zu entstellen. Es gelang ihr um so leichter, als die Korrespondenz zwischen den beiden Komponisten so viele Jahrzehnte lang unveröffentlicht blieb. Die hier vorgelegten Dokumente sind dazu angetan, das Verhältnis Mahler – Strauss ins richtigere Licht zu rücken und damit auch das bisher überlieferte, verzeichnete Bild zu korrigieren.

Anmerkungen

*Auf einige häufig zitierte Werke wird durch Abkürzungen hingewiesen
(siehe Abkürzungsverzeichnis S. 12).*

1 GMB
2 GMB und AM
3 RST Briefe
4 AM
5 Ludwig Schiedermair, *Musikalische Begegnungen*, Köln 1948, S. 46
6 GMB, S. 230f.
7 AM, S. 122
8 AM, S. 67
9 Richard Strauss, *Graues Tagebuch*, 5, S. 12, mitgeteilt von Alice Strauss
10 Max Steinitzer, *Richard Strauss*, 9.–12. Auflage, Berlin 1911, S. 44
11 zitiert nach Kurt Blaukopf, *Gustav Mahler. Sein Leben, sein Werk und seine Welt in zeitgenössischen Bildern und Texten,* Wien 1976, S. 169
12 Hans von Bülow, Richard Strauss, *Briefwechsel*. Herausgegeben von Willi Schuh und Franz Trenner. In: Richard Strauss Jahrbuch 1954, Bonn 1953, S. 54
13 ebenda, S. 59
14 ebenda, S. 60f.
15 Richard Strauss, *Blaues Tagebuch*, IV, S. 25, mitgeteilt von Alice Strauss
16 Rudolf Stephan, *Gustav Mahler. II. Symphonie c-moll,* Meisterwerke der Musik. Werkmonographien zur Musikgeschichte, Heft 21, München 1979, S. 4
17 Constantin Floros, *Gustav Mahler, I. Die geistige Welt Gustav Mahlers in systematischer Darstellung,* Wiesbaden 1977
18 GMB, S. 180
19 Schuh, S. 142

20 Natalie Bauer-Lechner, *Erinnerungen an Gustav Mahler*, Leipzig/ Wien/Zürich 1923, S. 8
21 ebenda, S. 16 f.
22 RST Betrachtungen, S. 168
23 RST Eltern, S. 193
24 Autographen-Auktionskatalog Nr. 580 (1967) von J. A. Stargardt, Marburg; zitiert nach Schuh, S. 372
25 Schuh, S. 349
26 Autograph in Liszt Ferenc Zeneakademia, Budapest
27 RST Betrachtungen, S. 141
28 vgl. z. B. Theodor Reik, The Haunting Melody, New York 1953
29 Autograph in The Gustav Mahler/Alfred Rosé Room, The Music Library, University of Western Ontario, London, Ontario
30 Postkarte an Arnold Berliner; Autograph in der Bayerischen Staatsbibliothek, München
31 Ernst Otto Nodnagel, *Jenseits von Wagner und Liszt*, Königsberg 1902, S. 3
32 Wilhelm Kienzl, *Meine Lebenswanderung*, Stuttgart 1926, S. 143
33 RST Betrachtungen, S. 175
34 Brief vom 14. Oktober 1900, mitgeteilt von Alice Strauss
35 Ludwig Schiedermair, *Musikalische Begegnungen*, Köln 1948, S. 43 f.
36 Bernard Scharlitt, *Gespräch mit Mahler*, Musikblätter des Anbruch, Jg. 2 (1920), Nr. 7–8, S. 310
37 J. B. Foerster, *Gustav Mahler in Hamburg*, Prager Presse, 16. April 1922
38 GMB, S. 203
39 GMB, S. 228 ff.
40 RST Eltern, S. 204
41 RST Eltern, S. 245
42 Max Steinitzer, *Richard Strauss*, 9.–12. Auflage, Berlin 1911, S. 155
43 Bruno Walter, *Thema und Variationen. Erinnerungen und Gedanken*, Frankfurt am Main 1960, S. 217
44 Brief an Richard Sternfeld, 10. Oktober 1901, RST Briefe, S. 139
45 Natalie Bauer-Lechner, *Erinnerungen an Mahler*, Leipzig/Wien/Zürich 1923, S. 178
46 Ludwig Schiedermair, *Gustav Mahler*, Leipzig o. J. [1900], S. 13 f.
47 AM, S. 268 f.

48 GMB, S. 187
49 RST Eltern, S. 251
50 AM, S. 38f.
51 AM, S. 38
52 Diese und die folgenden Marginalien von Richard Strauss zu AM sind dem im Strauss-Archiv, Garmisch-Partenkirchen, befindlichen Exemplar des Buches entnommen, in das Alice Strauss die handschriftlichen Bemerkungen von Strauss übertragen hat. Das Original befindet sich im Besitz von Willi Schuh, Zürich.
53 AM, S. 39
54 AM, S. 274f.
55 AM, S. 368f.
56 AM, S. 54f.
57 Brief vom 31. Oktober 1903, Autograph in der Stadt- und Universitätsbibliothek Frankfurt am Main
58 Briefmanuskript im Staatsarchiv Leipzig (C. F. Peters, Kasten 264)
59 AM, S. 319
60 AM, S. 108
61 Romain Rolland, *Musiker von heute*, München 1925, S. 237 (diese Rezension war ursprünglich in der »Revue de Paris« vom 1. Juli 1905 erschienen)
62 ebenda, S. 249
63 ebenda, S. 246
64 Brief vom 5. Juli 1905, zitiert nach Schuh, S. 154
65 Brief vom 29. Juni 1903, in: *Richard Strauss Autographe in München und Wien*. Herausgegeben von Günter Brosche und Karl Dachs, Tutzing 1979, S. 351
66 AM, S. 333
67 AM, S. 111f.
68 Schreiben des Generalintendanten der k. k. Hoftheater an Direktor Mahler vom 18. November 1901, Haus-, Hof- und Staatsarchiv, Hof-Operntheater, Zl. 750/1901
69 siehe auch Kurt Blaukopf, *Mahler. Sein Leben, sein Werk und seine Welt in zeitgenössischen Bildern und Texten*, Wien 1976, S. 246
70 Richard Specht, *Gustav Mahler*, Berlin/Leipzig 1913, S. 149
71 AM, S. 343
72 AM, S. 121

73 AM, S. 121
74 RST Eltern, S. 266
75 AM, S. 122
76 Klaus Pringsheim, *Zur Uraufführung von Mahlers Sechster Symphonie*, Musikblätter des Anbruch, Jg. 2 (1920), Nr. 14, S. 497
77 Klaus Pringsheim, *Erinnerungen an Gustav Mahler*, Neue Zürcher Zeitung, 7. Juli 1960
78 AM, S. 124
79 AM, S. 125
80 AM, S. 124
81 AM, S. 343
82 AM, S. 356
83 AM, S. 361
84 Brief vom 25. Januar 1904 an den Verlag C. F. Peters, Leipzig, zitiert nach Hans-Martin Plesske, *Der Bestand Musikverlag C. F. Peters im Staatsarchiv Leipzig*, Jahrbuch der Deutschen Bücherei, Jg. 6 (1970)
85 Brief vom 14. Juni 1904 an Max von Schillings, Abschrift im Strauss-Archiv, Garmisch-Partenkirchen
86 Brief vom 21. April 1906 an Friedrich Sieger, Vorstand der Frankfurter Museumskonzerte, RST Briefe, S. 167
87 Brief vom 15. August 1906 aus Salzburg an Pauline Strauss, RST Briefe, S. 171
88 Friedrich von Schuch, *Richard Strauss, Ernst von Schuch und Dresdens Oper*, Dresden o. J. [1955], S. 95
89 AM, S. 360
90 AM, S. 358
91 Bernard Scharlitt, *Gespräch mit Mahler*, Musikblätter des Anbruch, Jg. 2 (1920), Nr. 7–8, S. 310
92 AM, S. 368
93 AM, S. 371
94 AM, S. 372
95 AM, S. 374
96 AM, S. 368
97 AM, S. 372
98 GMB, S. 461 f.
99 Richard Strauss, *Blaues Tagebuch*, V, S. 5, mitgeteilt von Alice Strauss

100 AM, S. 206
101 Brief von Februar 1910 an Emil Hertzka, Neue Zeitschrift für Musik, Jg. 135 (1974), Heft 9, S. 545
102 *Gustav Mahler. Ein Bild seiner Persönlichkeit in Widmungen*, München 1910, S. 66
103 Richard Strauss, Tagebuch Mai 1911, mitgeteilt von Alice Strauss
104 RST Briefe, S. 348
105 Autograph im Nachlaß Alma Mahler-Werfel, The Charles Patterson Van Pelt Library, University of Pennsylvania, Philadelphia
106 AM, S. 5
107 Brief vom 10. Oktober 1946, RST Briefe, S. 455 f

Anhang

Mürren – Grand Hotel und Kurhaus
11. Juli [1901]

Lieber Freund!

Sie sind und bleiben ein alter Eigensinn! Das schadet aber nichts! Das ist gerade hübsch an Ihnen! Es ist selbstverständlich, daß in Crefeld, wo ich Alleinherrscher bin, Ihr Wille mir Befehl ist und No. III bekommt also ein eignes Concert für sich!

Für Berlin aber, wo ich unter schwierigen Verhältnissen arbeite und wo die finanzielle Seite unmöglich außer Acht gelassen werden kann, wollte ich Sie doch bitten, etwas milder zu sein. Ich hatte als Programm für den 18. November in Aussicht genommen:

Tasso von Liszt – 15–20 Minuten

Liebesszene – Schluß – aus Feuersnot – 7 Minuten

III Mahler 2 Stunden

Wären Sie auch damit nicht einverstanden? Wenn, wie Sie sagen, in Berlin noch kein Verständnis herrscht für Ihr Werk, so handelt es sich doch in erster Linie darum, Publikum ins Concert zu bringen. Ich will ja nichts gegen Ihren Wunsch thun, bitte Sie aber darum desto herzlicher, genanntem Programm für Berlin beizustimmen.

Daß ich die Bitte der IVten nicht aus Eitelkeit getan habe, um die Ehre der Uraufführung zu haben, glauben Sie mir wohl; immerhin schmeichle ich mir, mehr Anrecht auf eine solche zu haben, als Herr Kaim oder gar die Münchner Akademie. Ich will die IVte auch nur haben für den Fall, daß ich die IIIte vorerst noch nicht ganz nach Ihren Intentionen herausbringen kann, denn darauf kommt es auch mir in erster Linie an. Akustik bei Kroll ist gut. Den mir zur Verfügung stehenden Chor kenne ich noch nicht, möchte ihm also vorerst lieber die kleine Aufgabe in der IIIten anvertrauen, als ein ganzes Chorwerk wie das Klagende Lied. Bitte, schicken Sie mir jedenfalls diese Partitur; wo ich es gut placiren kann, thue ich's sicher.
Wann erscheint die IVte? Ist mir No. III zu schwer, nehme ich IV in die zweite Serie der Concerte und nach München. Censur in Wien macht mir riesigen Spaß!
Ich wage ein Verbot gar nicht zu hoffen, denn die Reklame eines Censurverbotes wäre das größte Glück für das Öperchen, umso mehr als dadurch die Aufführung in Wien doch wohl nur aufgeschoben, aber nicht aufgehoben würde. Oder nicht?
Also bitte, wann erscheint No. IV?
Und schicken Sie mir die Partitur des klagenden Liedes nach Marquartstein in Oberbaiern.
Beanstandet die Censur in Wien nur einige Verse, so lassen wir ein anderes Textbuch drucken und statt der beanstandeten Verse Kreuzchen machen mit der Anmerkung: die von der Censur gestrichene Stelle siehe Klavierauszug.
Das gibt einen Massenabsatz! Glücklicher Verleger!
Herzlichen Gruß

Ihr alter

Richard Strauss

Kapellmeister Markus aus Prag bittet mich, ihn an Sie zu empfehlen: Ich kenne ihn nur als ehrenwerten Musiker und sehr netten, anständigen Menschen, leider gar nicht als Dirigenten, kann daher auch eine Empfehlung nur soweit ausdehnen.

Wie gefällt Ihnen denn Brecher?

Mit Mikorey habe ich wohl Recht gehabt?

Quelle: Abschrift durch Henry-Louis de La Grange.

Personenregister

Register

der erwähnten Werke von Gustav Mahler

Register

der erwähnten Werke von Richard Strauss

Bibliothek der Internationalen
Gustav Mahler Gesellschaft

Edward R. Reilly

Gustav Mahler und Guido Adler
Zur Geschichte einer Freundschaft
Universal Edition, Wien

Eduard Reeser

Gustav Mahler und Holland/Briefe
Universal Edition, Wien

Kritische Gesamtausgabe
der Werke Gustav Mahlers

Herausgegeben von der Internationalen Gustav Mahler Gesellschaft

I. Symphonie	Universal Edition, Wien
II. Symphonie	Universal Edition, Wien
III. Symphonie	Universal Edition, Wien
IV. Symphonie	Universal Edition, Wien
V. Symphonie	C. F. Peters, Frankfurt am Main
VI. Symphonie	C. F. Kahnt, Lindau
VII. Symphonie	Bote & Bock, Berlin
VIII. Symphonie	Universal Edition, Wien
IX. Symphonie	Universal Edition, Wien
X. Symphonie – Adagio	Universal Edition, Wien
Das Lied von der Erde	Universal Edition, Wien
Das klagende Lied	Universal Edition, Wien
Kindertotenlieder (Klavier)	C. F. Kahnt, Lindau
Kindertotenlieder (Orchester)	C. F. Kahnt, Lindau

Die weiteren Lieder-Hefte sind in Vorbereitung.

Im Umkreis der Musik

Ernest Ansermet
Die Grundlagen der Musik im menschlichen Bewußtsein
1973. 847 Seiten mit 230 Notenbeispielen und Diagrammen. Leinen (vergriffen)

Ernest Ansermet/J.-Claude Piguet
Gespräche über Musik
Mit einem Vorwort von Horst Leuchtmann. 1973. SP 74. 112 Seiten. Kart.
Ein anregender Band für alle Leser, die sich für den großen Dirigenten Ansermet
und die Musik unseres Jahrhunderts interessieren.

Alfred Brendel
Nachdenken über Musik
Mit einem Interview von Jeremy Siepmann. 5. Aufl., 19. Tsd. 1979.
228 Seiten mit 3 Abbildungen und 61 Notenbeispielen. Geb.
»Das Buch gibt viele Denkanstöße. Kein mit Musik Beschäftigter, der nach Anregungen,
die nicht an der Oberfläche liegen, sucht, wird an der Lektüre von Brendels Einsichten
vorbeikommen.« Opernwelt

Martin Gregor-Dellin
Richard Wagner
Sein Leben, sein Werk, sein Jahrhundert. 1980. 930 Seiten mit einer Bibliographie.
Leinen
»Belehrt und begeistert habe ich diese Lebensbeschreibung Richard Wagners gelesen,
die für mich mehr ist als eine Biographie: ein Roman vrai, ja eine faszinierende comédie
humaine.« Walter Jens
Ein deutsches Genie und sein Jahrhundert. Eine Biographie von erzählerischer Kraft
und Fülle, »unterhaltsamer und spannender als viele Romane unserer Zeit«.
Frankfurter Allgemeine Zeitung

Karl Amadeus Hartmann und die Musica Viva
Herausgegeben von der Bayerischen Staatsbibliothek München anläßlich einer
Ausstellung zum 75. Geburtstag des Komponisten.
1980. 372 Seiten Essays, Briefe und Katalogteil mit 57 Schwarzweißabbildungen
und 4 Farbtafeln. Kart. Piper/Schott

Rudolf Hartmann
Das geliebte Haus
Mein Leben mit der Oper. 2. Aufl., 7. Tsd. 1977. 462 Seiten und 122 Fotos. Leinen
»Ein großes, umfassendes Kapitel Opern- und Zeitgeschichte, gespickt mit amüsantesten
Details.« Werner Egk

Rudolf Hartmann
Richard Strauss
Die Bühnenwerke von der Uraufführung bis heute. 1980. 270 Seiten mit 300
Abbildungen, davon 60 vierfarbig. Leinen
Mit diesem Buch legt Hartmann ein Werk vor, das einen Einblick in seine
jahrzehntelange Theaterarbeit gibt und die Bühnenwerke von Richard Strauss
in einem neuen Licht erscheinen läßt.

Im Umkreis der Musik

Joachim Kaiser
Große Pianisten in unserer Zeit
Sonderausgabe. 4., erweiterte Aufl., 20. Tsd. 1978. VIII, 258 Seiten mit 24 Notenbeispielen; 27 Fotos. Geb.
»Noch niemals habe ich erlebt, daß musikalische Interpretation mit derartiger Genauigkeit und Liebe zum Detail analysiert und beschrieben wurden.«　　　Arthur Rubinstein

Die großen Komponisten unseres Jahrhunderts
Band I: H. H. Stuckenschmidt: Deutschland–Mitteleuropa. 1971. 300 Seiten und 39 Abbildungen auf Tafeln. Geb.
»Ein Grandseigneur der modernen Musik hat hier ein ausgezeichnetes, wohlabgewogenes Buch geschrieben.«　　　Bayerischer Rundfunk

Die großen Komponisten unseres Jahrhunderts
Band II: Frederick Goldbeck: Frankreich–Italien–Spanien 1978. 211 Seiten und 30 Abbildungen auf Tafeln. Geb.
Dieses Buch hält »den Rhythmus und die Vitalität der dargestellten Objekte fest – stimulierend, herausfordernd und geistvoll-informativ«.　　　Das Orchester

Yehudi Menuhin
Unvollendete Reise
Lebenserinnerungen. Sonderausgabe. 67. Tsd. 1979 der Gesamtauflage. 462 Seiten und 63 Fotos. Geb.
Die reich bebilderte Biographie Yehudi Menuhins als Sonderausgabe: »Die wohl verblüffendste Interpreten-Geschichte dieses Jahrhunderts.«　　　Der Spiegel

Yehudi Menuhin
Variationen
Betrachtungen zu Musik und Zeit. 2. Aufl., 11. Tsd. 1979. 256 Seiten mit 2 Abbildungen. Geb.
Reden und Aufsätze aus drei Jahrzehnten – ein engagiertes Buch des großen Geigers.

Reinhard Raffalt
Musica Eterna
Aus fünf Jahrhunderten abendländischer Musik. Mit einem Vorwort von Eugen Jochum. 1978. II, 254 Seiten mit 37 Abbildungen und Notenbeispielen. Geb.
Ein brillantes Werk über den Zauber der Musik, über große Komponisten und ihre epochemachenden Werke.

Harvey Sachs
Toscanini
Eine Biographie. 507 Seiten und 34 Abbildungen. Geb.
»Fazit: Der beklommen angestaunte Donnergott der orchestralen Perfektion nimmt menschliche Züge an. Harvey Sachs, der Toscanini nie begegnet ist, schildert ihn besser als einer, der ihn aus der Nähe kannte.«
　　　Karl Schumann, Süddeutsche Zeitung

Im Umkreis der Musik

Arnold Schönberg
Mit Beiträgen von Alban Berg, Paris von Gütersloh, K. Horwitz, Heinrich Jalowetz,
W. Kandinsky, Paul Königer, Karl Linke, Robert Neumann, Erwin Stein,
Ant. von Webern, Egon Wellesz. Mit einem Porträt Schönbergs, fünf Reproduktionen
nach seinen Bildern und vielen Notenbeispielen. Faksimile der 1912 im Piper Verlag
erschienenen Ausgabe. 1980. 90 Seiten. Geb.

H. H. Stuckenschmidt
Zum Hören geboren
Ein Leben mit der Musik unserer Zeit. 1979. 379 Seiten mit 47 Abbildungen. Geb.
»Eine fesselnde Lektüre, eine hinreißend elegant geschriebene Autobiographie.«
Neue Zeitschrift für Musik

H. H. Stuckenschmidt
Die Musik eines halben Jahrhunderts
1925–1975. Essay und Kritik. 1976. 359 Seiten. Geb.
Eine Bilanz nach über fünfzig Jahren musikschriftstellerischer Tätigkeit –
ein lebendiges Panorama der zeitgenössischen Musik.

Theaterarbeit an Wagners Ring
Beiträge u. a. von Bloch, Boulez, Melchinger, Ponnelle, Zelinsky.
Hrsg. von Dietrich Mack. 1978. 288 Seiten mit 290 Fotos. Kart.
Das wohl bedeutendste Werk des Musiktheaters im Dialog zwischen Theorie und Praxis,
philosophischer Ästhetik und Theaterarbeit. »Eine bedeutsame, in ihrer Art einzigartige
Publikation.« Stuttgarter Zeitung

Cosima Wagner
Die Tagebücher
Band I: 1869-1877. Band II: 1878-1883.
Ediert und kommentiert von Martin Gregor-Dellin und Dietrich Mack.
Hrsg. von der Stadt Bayreuth. 1976/1977. Zusammen 2596 Seiten. Leinen und Leder
»Was jedoch der Leser in erster Linie wissen will, ist, ob er sich dieses Buch anschaffen
soll oder gar muß: Noch nie in meinem schriftstellerischen Leben habe ich Biographisches
so vollherzig, so vollhirnig empfohlen.« Hans Keller, Frankfurter Allgemeine Zeitung

Cosima Wagner
Das zweite Leben
Briefe und Aufzeichnungen 1883–1930. Herausgegeben von Dietrich Mack.
1980. 899 Seiten und 36 Abbildungen. Leinen
»Cosima Wagners Briefe und Aufzeichnungen, mit dem Vorwort von Dietrich Mack
informativ ergänzt, sind für Wagner-Enthusiasten hochinteressant. Aber auch
für jeden sonst, der die Wirklichkeit des Wagner-Kults begreifen und einen Blick in die
Seelenkulisse neuerer deutscher Geschichte werfen will, ist dieses Buch eine Goldgrube.«
Welt am Sonntag

Konrad Wolff
Interpretation auf dem Klavier
Was wir von Artur Schnabel lernen. Einführung Alfred Brendel.
1979. 219 Seiten mit 211 Notenbeispielen. Geb.
»Eines der wichtigsten Musikbücher seit langer Zeit; es vermittelt einen Überblick über das
Feld pianistischer Interpretation in seiner Gesamtheit.« Alfred Brendel